André
Castelot

NAPOLÉON

raconté aux enfants

Perrin

« L'étude de l'Histoire apporte à la jeunesse l'expérience qui lui manque ».
(Régine Pernoud)

Responsable d'Édition et Iconographie :
Arlette MOREAU
Maquette et réalisation :
Francis DELABARRE

Dépôt légal : Novembre 1992
ISBN : 9-262-00973-2
Imprimé en France
par Mame Imprimeurs à Tours

A Carole Vigan
A Sophie Castejon

AVANT-PROPOS

A MES JEUNES LECTEURS POUR QUI J'AI ÉCRIT CE LIVRE*

Comme Carole, 14 ans, et Sophie, 13 ans, qui, après avoir lu le manuscrit de ce livre, m'ont posé bien des questions fort utiles pour le parachever, nombreux ont toujours été les jeunes qui m'ont interrogé sur Napoléon Bonaparte. C'est pourquoi, vingt ans après lui en avoir consacré une biographie de quelque 2 000 pages, j'ai voulu répondre à l'attente des jeunes et tenté de leur raconter les grands moments de cette existence extraordinaire. L'exercice était difficile, mais j'espère avoir atteint mon objectif qui est de donner envie à ceux qui vont me lire, d'approfondir leur connaissance de ce génie. Napoléon a entraîné ses soldats jusqu'aux Pyramides d'Égypte et jusqu'au Kremlin de Moscou, mais comme s'il pressentait la fragilité de ses conquêtes, il a pu dire un jour :

— Ma gloire n'est pas d'avoir gagné quarante batailles,
ce qui vivra éternellement, ce que rien n'effacera,
c'est mon Code Civil!

Quel destin hors série ! Ayant quitté sa Corse natale à l'âge de dix ans pour venir faire ses études à l'École Militaire de Brienne, il règnera un jour sur plus de la moitié de l'Europe et distribuera des couronnes à ses frères et sœurs.

Quand tout s'écroulera, devenu un prisonnier enfermé sur un rocher perdu au cœur de l'Atlantique, il recommandera à son fils d'adopter sa devise :

Tout pour le peuple français!

Sans doute est-il le seul personnage de l'Histoire de la France qui soit connu du monde entier. Je pense à ce jeune Chinois qui, non loin de Pékin, m'a demandé de lui donner des détails de la bataille d'Austerlitz. Puis, pour me prouver que le sujet l'enflammait, il me récita, sans en manquer un mot, la célèbre et longue proclamation que l'Empereur adressa à ses hommes le soir de la victoire d'Austerlitz.

ANDRÉ CASTELOT

---

* *Peut-être serez-vous étonnés de ne pas voir cet album, selon l'habitude de cette collection, illustré par le talent d'un dessinateur d'aujourd'hui. J'ai pensé — et je suis certain que vous serez de mon avis — que l'artiste de notre époque pouvait tout naturellement être emporté par son imagination. Nous serons infiniment plus « vrais », et nous nous approcherons davantage de la vérité en faisant revivre scènes et personnages par le crayon et les pinceaux de ceux qui ont vu vivre Napoléon Bonaparte. Ou encore ont pu interroger les témoins des scènes que vous allez voir défiler sous vos yeux.*

NAPOLLIONE
ou « la paille au nez »

NAPOLLIONE OU « LA PAILLE AU NEZ »

Regardez la page précédente : à l'école de Brienne, le soir venu, l'élève Buonaparte rêve... et, fermant les yeux, le voici transporté devant sa maison d'Ajaccio. C'est là, dans cette grande bâtisse de couleur ocre, qu'il est né. Certains historiens ont affirmé que le petit Bonaparte est venu au monde sur un tapis où se trouvaient représentées les grandes figures de l'histoire de l'Antiquité. Sa mère — madame Letizia — a rétabli la vérité : « C'est une fable de faire naître mon fils sur la tête de César : il n'avait pas besoin de cela... Nous n'avions d'ailleurs point de tapis dans nos maisons de Corse, et encore moins en été qu'en hiver ! » La famille vivait là, presque dans la misère. Napoléon le racontera un jour sans aucune honte : « Nous étions de petits gentilshommes sans fortune. » Ses parents, ses frères et ses sœurs l'avaient surnommé Rabulione, *c'est-à-dire « celui qui se mêle de tout ».*

Venez avec moi. Suivons ensemble le grand vicaire de l'évêque d'Autun, un abbé chargé d'aider l'évêque dans ses fonctions, et qui, au mois de mai 1779, pousse la grille grinçante de la modeste école militaire de la ville de Brienne-le-Château.

L'abbé vient conduire un nouvel élève. Nous arrivons avec eux devant le bâtiment principal de l'école. Poussons la porte de bois et pénétrons dans une pièce éclairée par deux larges fenêtres. Là, le prêtre est accueilli par le supérieur de l'établissement, le père Leleu. Le grand vicaire s'efface. Derrière lui, tout intimidé, comme vous le seriez vous-même, se tient un petit garçon, un Corse de dix ans, et dont les cheveux sont en désordre.

— Comment vous nommez-vous ? lui demande le supérieur.

— Napollioné de Buonaparté, répond le nouvel élève.

— Allez retrouver vos petits camarades, lui demande le supérieur.

Et les petits camarades éclatent de rire en entendant le nouveau venu leur dire son nom :

— *Napollioné ?*... La paille au nez ! La paille au nez !

Le surnom lui restera.

On remet au nouveau — on ne disait pas encore le *bizut* — un habit bleu orné de revers rouges. Les boutons de l'uniforme sont blancs gravés aux armes de l'école.

La première nuit

Ce soir-là, à dix heures, la Paille au nez se met au lit le cœur gros. Imaginez-le dans la nuit du dortoir, pensant à tout ce qu'il vient de quitter et qui est désormais si loin de lui ! Il pense à son île de Corse, qui appartenait à Gênes et

L'école de Brienne telle que vous pouvez la voir aujourd'hui. Devant vous, tout comme autrefois, s'ouvre une petite allée de tilleuls que le jeune Buonaparte a suivie bien souvent.

Comme plus tard cet élève du Lycée Napoléon de Paris, Buonaparte et ses camarades jouent au ballon, appelé la « balle-au-pied ». Mais, comme ce lycéen parisien, Buonaparte et ses camarades porteront pour jouer cet encombrant chapeau d'uniforme.

était devenue française, un an seulement avant sa naissance.
Voulez-vous maintenant savoir ce que le nouveau pensait de lui-même? « J'étais querelleur, lutin ; rien ne m'en imposait. Je ne craignais personne, je battais l'un, j'égratignais l'autre. Tous me redoutaient. »
Il y a plus de deux siècles, comment se passaient les récréations à l'école de Brienne? Puisque les élèves seront un jour officiers du roi, ce sont bien sûr les jeux de guerre que tous préfèrent. Et le jeune Buonaparte a pris sur ses camarades une sérieuse avance. En effet, avant de quitter son île, il entraînait déjà avec lui une troupe de garçonnets en dehors de la ville. Là, ils engageaient le combat avec les enfants des faubourgs. Le matin, Napoleone partait pour l'école d'Ajaccio, emportant avec lui un petit pain blanc que sa mère lui avait remis pour son goûter. Or, Mme Buonaparte apprit que son fils échangeait souvent son pain blanc avec un soldat contre un morceau de « pain de munition », le grossier pain de la caserne ! Aux reproches de sa mère, Napoleone avait répliqué :
— Si je dois plus tard être soldat, je dois m'habituer à manger de ce pain.

Devenir soldat !

Depuis toujours, il pensait devenir militaire. Avant de mourir, son père était parvenu à obtenir pour son fils une « bourse » de l'État, c'est-à-dire une somme d'argent destinée à payer ses études. Et c'est pourquoi Napoleone était devenu pensionnaire du roi à l'école de Brienne.
Avec les cours traditionnels, on y étudie l'art des fortifications, on y reçoit des leçons d'escrime et de danse. On fait même exécuter aux élèves des exercices de « maintien » afin qu'ils puissent se présenter avec élégance lorsqu'ils seront invités dans le monde.
Napoleone est placé en classe de septième. Il est un petit étranger pour ses camarades. Ceux-ci appartiennent à la noblesse du royaume et leur nouveau compagnon leur paraît être un vrai sauvage. Ils se moquent de lui et de son accent. Aussi est-il aigri par les plaisanteries qui lui sont lancées et se met-il en colère. Jaloux de son indépendance, la Paille au nez n'aime guère que l'on vienne troubler

sa tranquillité. Le directeur de l'école a mis à sa disposition un jardinet où il peut lire et venir rêver entre deux cours. Il est alors seul dans la petite tonnelle qu'il s'est aménagée au milieu des chèvrefeuilles. Là, il se trouve loin des taquineries de ses compagnons.

Bonaparte est puni

Un jour, Napoleone commet une faute — on ignore laquelle — et le surveillant, appelé à Brienne un « maître de quartier », le condamne à porter un habit de bure et lui interdit de revêtir son uniforme. Bien plus — c'est là une punition en vigueur à l'école —, on veut l'obliger à dîner à genoux devant la porte du réfectoire. Napoleone se redresse. Il est pâle et crispé. Le surveillant lui ordonne :
— A genoux, monsieur!
Il est alors en proie à une violente attaque de nerfs et trépigne en hurlant :
— Je dînerai debout, monsieur, et non à genoux. Dans ma famille, on ne s'agenouille que devant Dieu!
Il désire apprendre correctement le français afin que cessent les plaisanteries dont il est l'objet. Son professeur obtient assez rapidement de lui des progrès considérables... sauf en orthographe. Il est vrai que l'on avait bien du mal à s'en apercevoir. Son écriture était parfaitement illisible, et cela dès le début de

Page 8 :
Voici Charles-Marie Bonaparte, le père du futur empereur et des frères de Napoléon, dont trois coifferont un jour une couronne.

Ci-dessus :
Madame Letizia Buonaparte, qui connaîtra la brillante épopée de son fils.

Bonaparte se livre à une bataille de boules de neige : « Je me charge de diriger les attaques », avait-il annoncé à ses camarades.

Le portrait de Buonaparte exécuté par l'un de ses camarades de l'École militaire. Il est alors l'élève le plus orgueilleux de tous, peut-être parce que ses camarades, regardent avec condescendance, pour ne pas dire mépris, ce fils d'un petit noble corse. Un hobereau, disait-on.

ses études. Plus tard, alors que Napoleone est devenu l'empereur Napoléon, un homme se présente au château de Saint-Cloud. Il est dans la misère et a obtenu une audience particulière de l'Empereur. Napoléon ne lui laissera pas le temps d'ouvrir la bouche : le visiteur est assailli par les questions qui pleuvent : « Qui êtes-vous ? D'où venez-vous ? Que voulez-vous ? »

— Sire, bredouille le malheureux, c'est moi qui ai eu l'honneur de donner à Brienne, à Votre Majesté, des leçons d'écriture...

— Ah ! c'est vous ? l'interrompt l'Empereur en éclatant de rire. C'est vous ! Eh bien, il n'y a pas de quoi se vanter... Le bel élève, ma foi, que vous avez dressé là !... Je ne vous en fais pas mes compliments !

Cela ne l'empêchera pas d'accorder une pension de 1 200 francs au pauvre professeur.

Élève à l'École militaire de Paris

Et cinq années passent...

Après l'examen final, le ministre de la Guerre autorise le jeune Corse à entrer à l'École royale de Paris, car, déclare-t-il après avoir lu les rapports des professeurs, « il s'est distingué par son intelligence, sa bonne conduite et sa connaissance des mathématiques ».

Au mois d'octobre 1784, voici donc Buonaparte — le *u* de son nom n'a pas encore disparu — élève de l'École militaire de Paris. Il revêt le pimpant uniforme de l'école : habit bleu à collet rouge et à doublure blanche.

Lors des exercices, Buonaparte est un soldat déplorable : il pense visiblement à autre chose. Napoleone exécute si mal le maniement d'armes qu'il reçoit un coup de baguette sur les doigts. En guise de réponse, Napoleone envoie son fusil à la figure de son capitaine instructeur. Lorsque celui-ci commande le « reposez arme », on voit un seul fusil demeurer ridiculement en l'air. C'est M. de Buonaparte qui rêve ! Son voisin se dépêche de lui donner un coup de coude... et le fusil retombe alors avec un bruit isolé et peu militaire. « Monsieur Buonaparte, s'écrie alors le capitaine instructeur, réveillez-vous, vous faites toujours manquer l'exercice ! »

Ce jeune homme ira loin...

Au mois de septembre 1785 s'ouvre le concours auquel participent les élèves de toutes les écoles militaires royales de France. Le professeur de mathématiques trace cette

note sur le dossier de Napoleone de Buonaparte :
« Réservé et laborieux, préfère l'étude à toute espèce d'amusement, se plaît à la lecture de bons auteurs; connaît à fond les mathématiques et la géographie. Silencieux, aimant la solitude, capricieux, hautain, extrêmement porté à l'égoïsme, parlant peu, énergique dans ses reparties, ayant beaucoup d'amour-propre, ambitieux et aspirant à tout. Corse de nation et de caractère, ce jeune homme ira loin si les circonstances le favorisent. »
Le 28 septembre 1785, les promotions sont publiées. Napoleone est follement heureux : il est reçu et pourra dire plus tard : « J'ai été officier à l'âge de seize ans et quinze jours! » Lieutenant en second — nous dirions aujourd'hui sous-lieutenant —, il est désigné pour servir au régiment de La Fère qui tient garnison à Valence. Il prend la diligence avec l'un de ses camarades. Peu après Fontainebleau, lorsque la voiture doit monter une côte au pas, Buonaparte se met à courir sur la route en criant : « Enfin, je suis libre! Je suis libre! »

Vous venez de lire ce que l'un des professeurs du petit Napoléon avait prédit : « Corse de nation et de caractère, ce jeune homme ira loin si les circonstances le favorisent. » Cette circonstance sera la Révolution française, grâce à laquelle l'ex-cadet Buonaparte prendra un jour le pouvoir. Mais aujourd'hui, comment le jeune sous-lieutenant, qui ne mangeait pas tous les jours à sa faim, pourrait-il imaginer devenir un jour général et porter ce séduisant costume ?

GÉNÉRAL À 24 ANS

GÉNÉRAL À 24 ANS

Double page précédente : *En arrivant à Toulon, Napoléon entra dans l'Histoire. Aussitôt, il examine la situation. Bientôt le fort du* Petit Gibraltar *— de nos jours le* Fort Napoléon *— est emporté. Marmont, sur l'ordre de Bonaparte, retourne les canons anglais et espagnols contre l'ennemi. Soutenus par les batteries bien mises en position, les fantassins attaquent les forts de l'*Éguillette *et du* Balaguier *qui commandent le goulet du port. L'ennemi évacue les deux forts sans avoir eu le temps de rendre ses canons inutilisables en enfonçant un clou dans la « lumière » servant à mettre le feu au canon. De ce fait, la rade, le port et la ville sont alors sous les feux à la fois des pièces de Bonaparte et de celles de l'ennemi... devenues françaises. Les remparts du fort de* Malbosquet *sont écrêtés. Buonaparte et ses hommes se lancent à l'assaut, pénètrent dans l'ouvrage et tournent, là aussi, les pièces ennemies contre les Anglais. On agit également contre la puissante forteresse du* Mont-Faron *: ce même jour, elle est conquise et, dans Toulon, c'est le sauve-qui-peut général.*

Le 5 novembre 1785, à Lyon, Bonaparte et son camarade manquent le bateau-poste pour Valence, un bateau qui descendait le Rhône. En attendant le départ suivant, ils entrent chez un bouquiniste et dépensent sans hésiter ce qui reste des 157 livres qui leur ont été remises au départ de l'école pour leurs frais de route. Sans un officier d'artillerie qui voyage avec eux depuis Paris et qui leur ouvre sa bourse, les écervelés auraient dû faire la route à pied...

En août 1786, Buonaparte passera sa première et longue permission en Corse. Le père de Napoléon est mort et sa famille — Napoléon a huit frères et sœurs — est dans la misère. Mme Letizia, qui plus tard portera le titre de *Madame Mère,* demande au jeune officier de quitter Ajaccio pour Paris, afin de toucher du gouvernement des sommes d'argent dues à la famille Buonaparte. Napoléon reçoit une nouvelle permission et part pour Paris, mais il n'a rien pu obtenir du ministère et, après vingt mois de congé prolongé, Buonaparte rejoint son régiment de La Fère, qui tient maintenant garnison à Auxonne, au bord de la Saône. Le lieutenant en second est toujours aussi pauvre, car sur sa solde il essaie d'envoyer à sa mère quelques louis tous les mois. Pour économiser, il loue la chambre la plus simple qu'il puisse trouver dans un pavillon où logent les officiers subalternes.

« Je vivais comme un ours... »

« Quand j'avais l'honneur d'être lieutenant en second, je déjeunais avec du pain noir, et je verrouillais ma porte sur ma pauvreté, racontera-t-il plus tard. Quand, à force de privations, j'avais amassé deux écus de six

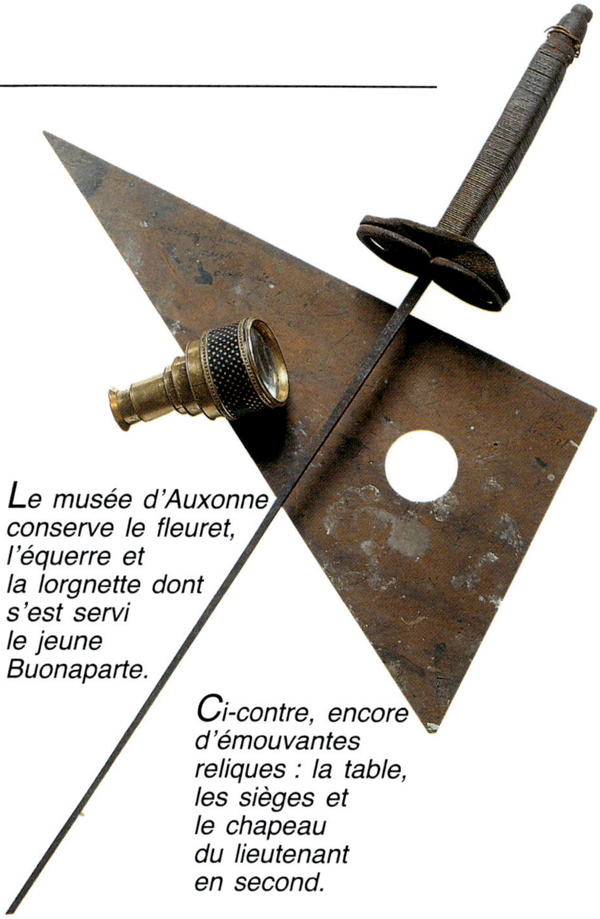

Le musée d'Auxonne conserve le fleuret, l'équerre et la lorgnette dont s'est servi le jeune Buonaparte.

Ci-contre, encore d'émouvantes reliques : la table, les sièges et le chapeau du lieutenant en second.

Ci-dessous, Buonaparte assiste à l'invasion des Tuileries par le peuple des faubourgs.

livres — douze francs —, je m'acheminais avec une joie d'enfant vers la boutique d'un libraire qui demeurait près de l'évêché. »

Le rôle de l'artillerie devient de plus en plus important et le commandant de la place d'Auxonne — Jean-Pierre du Teil — nomme le lieutenant Napoleone Buonaparte membre d'une commission chargée d'étudier le tir de bombes à l'aide d'un canon. Son rapport est si parfait que le commandant s'exclame : « Décidément cet officier parviendra à une des premières places du corps royal d'artillerie ! »

Le roi Louis XVI, le 30 juillet 1792, le nomme capitaine. Le brevet est signé *Louis.* Assurément, il s'agit là d'une des dernières signatures données par le malheureux souverain, qui n'a plus que onze jours à régner. Vous le savez, il sera enfermé dans la tour du Temple avant d'être jugé et condamné à mort.

Lors d'un séjour en Corse, Napoleone défend la Révolution française. Avec l'aide des troupes républicaines casernées dans la capitale corse, il essaie, mais en vain, de reprendre la citadelle d'Ajaccio, occupée par les partisans de l'indépendance de l'île. Ceux-ci sont victorieux et Buonaparte, appelé par eux « traître à la patrie », devra quitter l'île avec sa famille.
Ils se réfugient à Toulon d'abord, à Marseille ensuite. Ses sœurs, les futures princesses Élisa et Pauline, lavent leur linge aux fontaines publiques, car la famille n'a pour vivre que les secours accordés aux réfugiés corses et la maigre solde de Napoleone. Afin de gagner son poste d'officier à l'armée d'Italie, qui se rassemble à Nice, le capitaine Buonaparte passe par le village provençal du Beausset. Il arrive là fort à propos. Les Anglais ont réussi à occuper Toulon. Or, l'artillerie française, placée en batterie devant la ville, n'a plus de chef, son commandant ayant été grièvement blessé. Aussi offre-t-on au « capitaine instruit Buonaparte » le commandement de l'artillerie du siège de Toulon.

La prise de Toulon

C'est ainsi que sonnera l'heure de la chance pour le futur empereur, qui sera bientôt nommé chef de bataillon. En arrivant sur place, Bonaparte se penche sur une carte et, de son doigt, montre un fort situé face au port : « Prenez le fort de l'Éguillette, conseille-t-il aux assaillants, et avant huit jours, vous entrerez dans Toulon ! »
On suit ses conseils. Bientôt, les Anglais s'enfuient et les Français entrent dans la ville. Le 22 décembre 1794, Buonaparte est nommé général de brigade et il a vingt-quatre ans ! « Si on était ingrat envers lui, déclare Dugommier, cet officier avancerait tout seul... » Malheureusement, Napoleone a été protégé par le dictateur Robespierre et, en thermidor de l'an II — été 1794 —, il est entraîné dans la chute de celui que l'on nomme maintenant le tyran... Gravement compromis, Bonaparte est même mis aux arrêts chez son logeur niçois avec une sentinelle à sa porte. Mais tout s'arrange. Le nouveau pouvoir le désigne pour aller combattre les royalistes vendéens qui se sont révoltés contre la jeune République. Participer à une guerre civile ne l'effraie pas, mais l'artillerie ne peut être d'aucune utilité en Vendée, dans cette guerre

En arrivant à Toulon, Buonaparte est capitaine d'artillerie. Il est si adroit qu'il est surnommé le « capitaine Canon ».

qui se déroule sur une terre coupée de nombreuses haies. C'est pourquoi il décide de partir pour Paris, espérant obtenir un autre commandement... dans l'artillerie.

Le général Vendémiaire

Ce 5 octobre 1795 est, pour les Français de l'époque, le 13 vendémiaire de l'an IV de la Liberté. Il n'est pas toujours facile de se servir du calendrier révolutionnaire, mais vendémiaire porte bien son nom : c'est le mois des vendanges. Ce jour-là, les abondantes rafales de pluie n'empêchent nullement les manifestants royalistes de sortir de chez eux. Les tambours des quartiers révoltés — on disait les *sections* — appellent aux armes contre les députés. C'est alors que le conventionnel Barras propose à Buonaparte de lui faire donner le commandement en second des troupes chargées de défendre l'Assemblée. Il accepte et appelle un jeune officier de cavalerie, Joachim Murat. C'est le futur roi de Naples : « Prenez deux cents chevaux, allez sur-le-champ à la plaine des Sablons où, je le sais, se trouvent quarante pièces de canon. »
Grâce à ces quarante pièces, Buonaparte mitraille, sur les marches de l'église Saint-Roch, les royalistes qui avancent sur la Convention. Il sauve ainsi la République. Les récompenses ne tardent pas : le général Buonaparte est nommé général de division et commandant en chef de l'armée de l'Intérieur. Et ce n'est pas tout ! Il est d'autant plus heureux qu'il se marie avec une jolie veuve, Joséphine de Beauharnais, dont le mari est mort sur l'échafaud près de deux années auparavant. Elle a deux enfants : Eugène, qui sera un jour vice-roi d'Italie, et Hortense, future reine de Hollande.
Enfin, le jeudi 2 mars 1796, Bonaparte — le *u* disparaît — reçoit par le nouveau pouvoir le commandement en chef de l'armée qui doit combattre en Italie les Autrichiens et les Italiens piémontais.

En amenant à Bonaparte quarante pièces de canon, le lieutenant Murat ne pouvait certainement pas prévoir que cette action lui vaudrait un jour la couronne du royaume de Naples.

La vicomtesse de Beauharnais, que Napoléon appelait « l'incomparable Joséphine ». Il l'épousera et c'est à son bras que cette jolie femme entrera à son tour dans l'Histoire.

Ses soldats l'appellent :

« LE PETIT CAPORAL »

LE PETIT CAPORAL

A Lodi (page 18 et 19), le peintre le baron Louis-François Lejeune nous montre le pont qui enjambe le Pô, franchi par les troupes de Bonaparte — il a supprimé le u *de son nom... Le général en chef, sous une grêle de balles, a marché le premier, un drapeau à la main. Les Autrichiens, en pleine déroute, se sont enfuis. Le même soir, les plus anciens soldats de l'armée d'Italie se réunissent et donnent un grade à leur chef : celui de caporal. Désormais, il sera pour eux* le petit caporal ! *La victoire de Lodi lui ouvre les portes de Milan. Napoléon commence à tisser sa gloire. Il le dira lui-même : « Après Lodi, je me regardai non pas comme un simple général, mais comme un homme appelé à influer sur le sort d'un peuple. Il me vint l'idée que je puisse bien devenir un acteur décisif sur la scène politique. » (Le portrait de Bonaparte est de Louis David). Quelques jours plus tard, le 15 mai 1796, Bonaparte entrera dans Milan. Les Milanais crieront leur enthousiasme. Dans les rues, ce fut un vrai délire.*
On acclama le nom de celui qui venait d'arracher Milan à l'occupation autrichienne. On dansait, on allumait des feux de joie et on criait : Viva la liberta !

Le général Bonaparte arrive à Nice le 27 mars 1796. Ses généraux de division regardent de haut ce maigrichon de vingt-six ans et demi qui leur a été imposé pour maître et qui prétend vouloir combattre l'Empire autrichien et le royaume du Piémont avec seulement trente-sept mille soldats mal vêtus, chaussés de paille tressée, et qui ont faim.
Méprisants, les généraux ont gardé sur la tête leur chapeau orné de plumes tricolores. Bonaparte se découvre et force ainsi ses généraux à l'imiter. Puis il remet vivement sa coiffure sur sa tête sans que les autres osent se recouvrir. Mais les généraux sont stupéfaits en entendant leur nouveau chef les questionner avec une science étonnante sur la position de leur division, leur matériel, l'esprit et l'effectif de chaque régiment.
Après les officiers, c'est au tour des hommes. Des affamés ! Un adjudant nous raconte ses malheurs : « Un jour, pour nourrir les trois officiers et le sergent-major, je n'ai reçu que trente-neuf haricots. Oui, je les ai comptés ! »
Imaginez maintenant que vous soyez un soldat de la jeune République et que vous soyez passé en revue par Bonaparte. Écoutez-le vous lancer d'une voix forte :
— Soldats, vous n'avez ni souliers, ni habits, ni chemises, presque pas de pain, et nos magasins sont vides ; ceux de l'ennemi regorgent de tout : c'est à vous de les conquérir. Vous le voulez, vous le pouvez, marchons !
Et ils marchent ! Bonaparte franchit la frontière et bat d'abord les Autrichiens à Montenotte. Au tour des Piémontais que le général en chef anéantit à Mondovi, et il peut écrire au Directoire : « Jusqu'à aujourd'hui, j'ai livré six batailles à l'ennemi. Je lui ai fait, en dix jours, deux mille prisonniers. Je lui ai tué six mille hommes, pris vingt et un drapeaux et quarante canons. »
Les représentants du roi de Piémont et de Sardaigne, allié des Autrichiens, demandent l'armistice : « Messieurs, leur annonce Bonaparte, je vous préviens que l'attaque générale

est ordonnée pour deux heures. Si je n'ai pas la certitude que les villes de Coni et de Tortone me seront remises avant la fin du jour, cette attaque ne sera pas retardée d'un moment ! »

Il faut de nouveau battre les Autrichiens. Ce sera chose faite à Lodi. Ce même soir, les plus anciens soldats de l'armée se réunissent et donnent un grade à leur chef : celui de caporal. Désormais, il sera pour eux « le Petit Caporal ».

Bonaparte entre dans Milan. Dans les rues, c'est du délire ! Le peuple acclame le nom de celui qui vient d'arracher Milan à leurs anciens maîtres autrichiens. On danse, on allume des feux de joie, on hurle : *Vive la liberté !*

Mais bientôt les Milanais, écrasés d'impositions et de réquisitions par les vainqueurs, se révoltent. La rébellion est noyée dans le sang. Bonaparte estime les violences indispensables. Il le déclare : « On ne gouverne un cheval qu'avec des bottes et des éperons. » Et il en est de même pour gouverner un pays ! Le général Bonaparte signe un traité avec le roi de Naples. Celui-ci accepte de quitter l'alliance étrangère formée contre la France. Puis le vainqueur impose ses volontés au pape, qui est alors un souverain régnant sur Rome et sur de vastes territoires. Désormais les ports des États du pape seront fermés aux bateaux appartenant aux puissances en guerre avec la France.

Vous voyez ici le général Bonaparte entraînant sa cavalerie vers la redoute de Mondovi.

Bonaparte règne. Les Républiques italiennes, dites « sœurs » et appelées *cisalpine* et *lombarde* — des noms difficiles à retenir, n'est-ce pas? —, sont créées. Mais les Autrichiens ne tiennent nullement à abandonner l'occupation du bourg et du pont d'Arcole.
Or, il est d'une grande importance pour Bonaparte de s'emparer d'Arcole puisque, de là, son armée pourrait arriver sur les arrières des troupes autrichiennes. Mais le pont résiste à toutes les attaques... Les soldats français hésitent, et il faudra que le général en chef se mettant à leur tête, franchisse la rivière Alpone. Si, ce lundi 15 novembre 1796, le pont d'Arcole est entré dans l'Histoire, Bonaparte, est entré dans la légende !

Bonaparte s'ennuie

Harassé, le vendredi 19 novembre, le général fait son entrée dans Vérone par la porte de Venise, où il est accueilli en triomphateur aux cris de : « Vive le libérateur ! »
Et c'est ensuite la victoire de Rivoli. L'armée autrichienne, forte de quatre-vingt mille hommes, est battue par des troupes deux fois moins nombreuses... mais elles ont Bonaparte à leur tête !
Maintenant Bonaparte marche sur la ville de Vienne. Sa prise devrait apporter la paix à la fois sur le Rhin et sur les Alpes. Le 6 avril 1797, les Français se trouvent à trente lieues de la capitale autrichienne. A Vienne, c'est aussitôt l'affolement ! Les autorités militaires conseillent à tous les grands dignitaires et aux membres de la famille impériale d'emballer au plus vite leurs affaires et de se tenir prêts à partir.
Aussi les Autrichiens préfèrent-ils traiter avec Bonaparte. Après de longues discussions, on signe le traité de Campo-Formio. (Regardez la carte pour bien situer ces régions.) On donnera Venise, l'Istrie et la Dalmatie à l'empereur d'Autriche. Au nord, la France occupera Mayence et aura le Rhin comme frontière.

Le vieil adage est accompli :

Quand la France boira le Rhin
Toute la Gaule aura sa fin.

Combien d'historiens se pencheront sur la bataille de Rivoli et essayeront d'expliquer comment une armée considérable, forte de 80 000 hommes, a pu être battue par des troupes deux fois moins nombreuses... Mais à la tête de ces troupes françaises, il y avait Bonaparte !
Ci-dessous, un drapeau à la main, Bonaparte entraîne ses hommes, franchit le pont d'Arcole et force l'armée ennemie à abandonner le village.

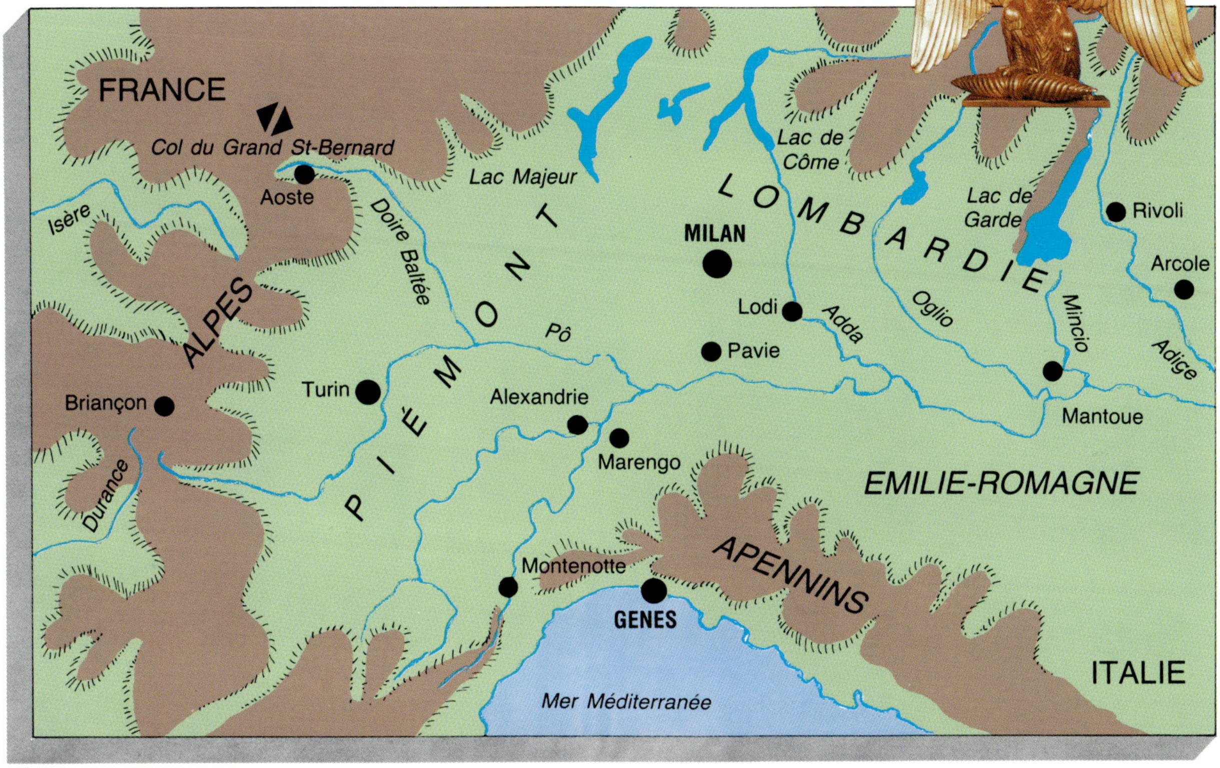
FRANCE
Col du Grand St-Bernard
Aoste
Isère
ALPES
Briançon
Durance
Doire Baltée
Turin
PIÉMONT
Lac Majeur
Pô
Alexandrie
Marengo
Montenotte
GENES
Mer Méditerranée
APENNINS
MILAN
Lac de Côme
LOMBARDIE
Lodi
Adda
Pavie
Lac de Garde
Oglio
Mincio
Rivoli
Arcole
Adige
Mantoue
EMILIE-ROMAGNE
ITALIE

*Nous sommes ici devant Mantoue. Vous voyez le général autrichien Mack — « le pauvre Mack », disait-il — qui se rend au général Masséna. Napoléon avait surnommé celui-ci l'*Enfant chéri de la victoire*. Remarquez la longue file de soldats de la garnison de Mantoue qui part vers la captivité.*

Revenu à Paris, Bonaparte s'ennuie. Il a été presque roi en Italie et, aujourd'hui, il n'a reçu aucun commandement. Ses victoires en Italie lui valent une considérable popularité, et son ambition est déjà grande. Le gouvernement lui propose de tenter un débarquement sur les côtes anglaises. L'opération paraît à Bonaparte difficile à réussir. Aussi refuse-t-il. Il déclare que, pour nuire vraiment à l'Angleterre, il faudrait contrôler la Méditerranée et pour cela s'emparer de l'Égypte ! Le Directoire, qui désire se débarrasser du général victorieux — sa jeune gloire le gêne —, accepte la proposition. Bonaparte décide d'emmener avec lui des savants, des égyptologues, des astronomes, géomètres, naturalistes et minéralogistes.

Ci-dessous, les troupes françaises, qui se dirigent vers l'Égypte, prennent « en passant » l'île de Malte. Les 232 chevaliers de l'Ordre des chevaliers de Saint-Jean-de-Jérusalem, à qui l'île appartient, ne se défendent que pour l'honneur.

Quatre cents vaisseaux à l'assaut de l'Égypte

Le 9 mai 1798, devant la garde qui veille à l'entrée de Toulon, s'arrête un cavalier. Il ordonne d'ouvrir les portes et annonce :
— Je suis le général en chef Bonaparte !
A Toulon l'attendent une armée de conquérants, trente-huit mille hommes, des savants et une partie du futur empire : Louis Bonaparte, qui sera un jour roi de Hollande, le fils de Joséphine, Eugène, futur vice-roi d'Italie, Murat, qui coiffera plus tard la couronne de Naples. Enfin des généraux dont la plupart deviendront maréchaux de France.
Tous les soldats se posent une question que vous vous posez assurément vous-même : pourquoi aller faire la guerre en Égypte ? Parce que si la France ne s'emparait pas de l'Égypte, une autre puissance européenne, l'Angleterre, le ferait.
Le soir, Bonaparte invite à dîner à sa table les chefs de son armée et les savants. Il désigne plusieurs de ceux-ci pour développer certains sujets : les autres planètes sont-elles habitées ? Quel est l'âge de notre monde ? Comment celui-ci sera-t-il détruit ?
En cours de route, Bonaparte s'empare de l'île de Malte, qui appartient aux fameux chevaliers. Il y séjourne une semaine pendant laquelle il organise, établit des lois, s'occupe de l'aménagement des hôpitaux, de la garde nationale, des impôts, de la poste, de la justice, des pensions et même de la religion.

LA CAMPAGNE D'ÉGYPTE

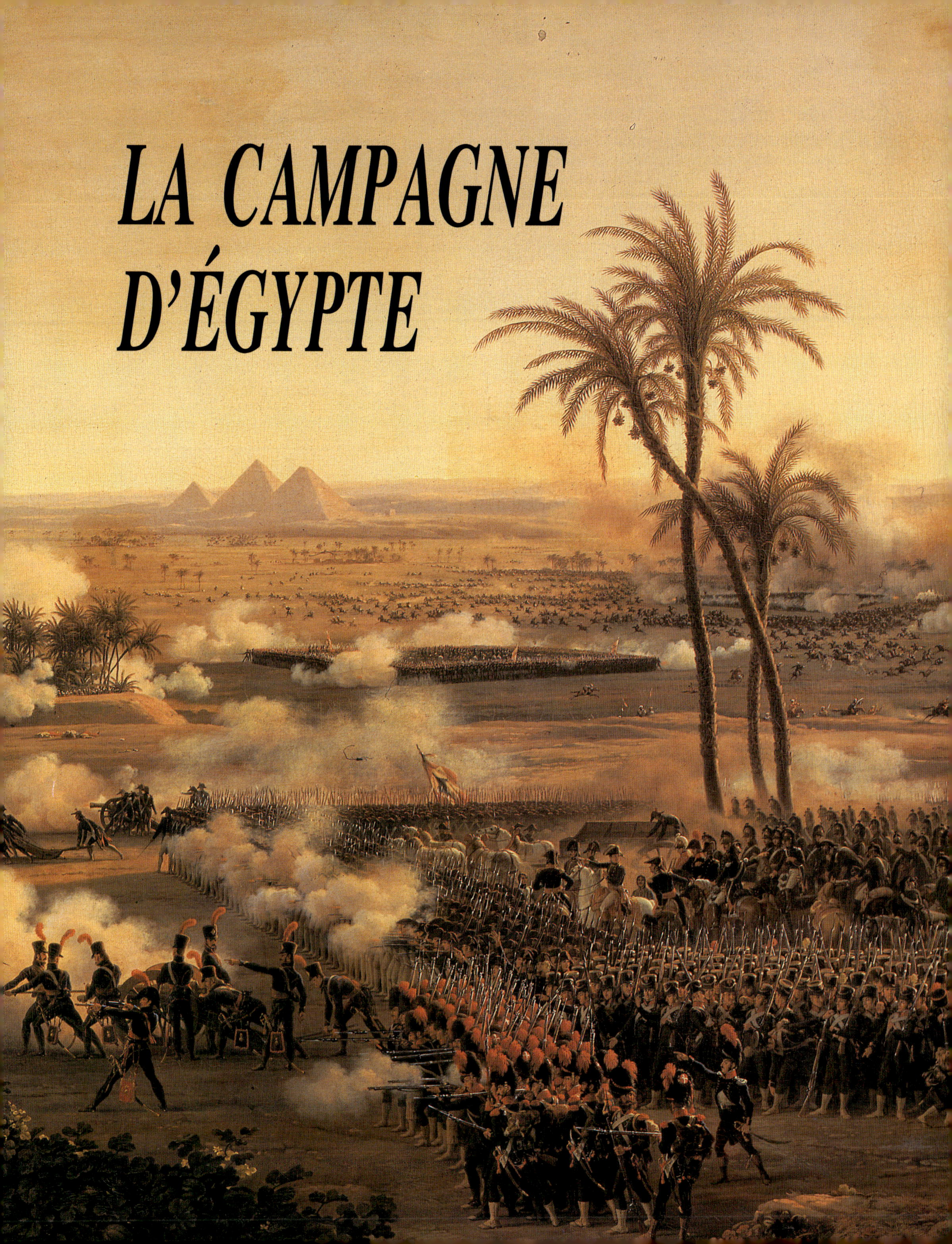

LA CAMPAGNE D'ÉGYPTE

Regardez à la page précédente ce célèbre tableau du baron Louis-François Lejeune montrant la bataille des Pyramides. En donnant l'ordre de combattre, Napoléon avait lancé ces mots à ses hommes : « Soldats, du haut de ces Pyramides, quarante siècles vous contemplent ! » Le peintre Lejeune nous montre la fin de la bataille. Bientôt, comme vous le voyez à gauche, les mameluks en fuite se jettent dans un canal qui est un bras du Nil. L'effroyable boucherie s'achèvera dans le fleuve. « Le combat, racontera un combattant ennemi — Nicolas le Turc — n'avait pas duré plus de deux heures — mais quelles heures de terreur indescriptible ! Les gens sanglotaient, se frappaient le visage en hurlant : « Malheur à nous ! Nous voici prisonniers des Français ! ».

Voici enfin la côte égyptienne. Les divisions commencent à débarquer non loin d'Alexandrie. Les soldats grognent ! Les puits sont vides, et il n'y a pas une goutte d'eau à trouver.

A la pointe du jour, l'avant-garde arrive devant Alexandrie. Bonaparte voit se dresser devant lui une fière colonne de granit rouge. Il court vers elle et en escalade le socle. C'est l'obélisque élevé du temps de la reine Cléopâtre, un demi-siècle avant Jésus-Christ. L'Orient de ses rêves est ainsi présent devant lui...

En marche vers Le Caire

Alexandrie occupée, on se dirige vers Le Caire. Une marche épuisante dans un désert de sable. Tout est plat, sans arbres, sans maisons. De plus, il fait une chaleur épouvantable. La faible quantité d'eau dont on a fait provision est bue dès les premières heures. Le 13 juillet, à mi-chemin du Caire, pour la première fois, l'armée rencontre les fameux Mamelouks. Ces terribles cavaliers turcs et arabes, à cette époque les maîtres de l'Égypte, sont persuadés qu'ils vont faire de « la poussière de paille » de ces maudits soldats français exténués et assoiffés. Vous le devinez, il n'en sera rien ! En effet, car, au moment où va s'engager la bataille, Bonaparte ordonne à ses troupes de former plusieurs carrés. Imaginez la scène : au centre de chacun d'eux, il place de l'artillerie et le peu de cavalerie dont il dispose, car bien des chevaux sont morts pendant la traversée.

Au lever du soleil, une musique guerrière retentit tout à coup. C'est *la Marseillaise,* que le général a donné l'ordre aux musiciens des régiments de jouer, et dont il connaît bien l'effet sur ses hommes. La musique et les

paroles excitent l'audace des soldats et leur font comprendre que l'heure de se plaindre de la soif et de la chaleur est passée. Il leur faut vaincre ! La formation en carré, fort inattendue, intrigue les Mamelouks. Avec leurs magnifiques chevaux couverts de housses d'or brodées d'argent, ils essaient bien de charger, mais, chaque fois, l'artillerie française les cloue sur place. Il ne leur reste plus qu'une solution : la fuite.

En haut, à gauche, vous voyez Bonaparte peu après son entrée à Alexandrie, accordant la vie sauve à une famille qui avait tué un soldat français. Ce même jour, il lance aux Égyptiens une solennelle proclamation dans laquelle il précise fort habilement : « Peuples de l'Égypte, on vous dira que je viens détruire votre religion ; ne le croyez pas !

La bataille des Pyramides

A l'aube du 21 juillet — 3 thermidor an VI —, un écrasant spectacle s'offre aux yeux éblouis de l'armée : d'un côté se dressent les pyramides, colossales et majestueuses, qui scintillent sous le soleil. Devant le Nil, la longue ligne formée par six mille Mamelouks, revenus de leur frayeur, s'apprête à charger. Les officiers donnent l'ordre : *« A vos rangs ! ».* En un instant, sur six rangs de profondeur, les hommes formés en carrés se retrouvent prêts à soutenir le choc des Mamelouks. Lorsque ceux-ci sont à cinquante pas, une grêle de balles et de mitraille les accueille : le premier rang a tiré. Au tour maintenant du deuxième rang. Ainsi de suite avant que les salves repartent du premier rang. Le carnage est affreux.
Après la victoire, un gigantesque bazar s'établit sur le champ de bataille. On dépouille les prisonniers et les cadavres de leurs vêtements et de leurs armes. On vend et on troque.

Surnommé par le peuple le sultan El Kébir *— le Grand Sultan —, ou plus familièrement* Abounaparte, *il croit devoir revêtir un turban et une robe orientale, mais devant l'éclat de rire de son état-major, il ne portera ce déguisement qu'un seul jour.*

Prisonnier de sa conquête

Le Caire capitule. Le 8 août 1798, Bonaparte quitte la ville à la poursuite de l'ennemi. En chemin, le matin du 4 août, à Belbeïs, au nord du désert du Sinaï, un paysan apporte une lettre que lui avait remise un officier français venu d'Alexandrie. C'est la nouvelle du désastre d'Aboukir : toute la flotte française, qui se trouvait à l'ancre, a été surprise par les navires de l'amiral anglais Nelson. Les bateaux de Bonaparte ont été détruits ou capturés. La consternation est générale. Bonaparte essaie de rendre moins dramatique la situation :

— Eh bien, nous voilà dans l'obligation de fonder un grand empire ! Nous le fonderons ! Nous sommes nombreux, nous ne manquerons pas d'hommes pour recruter nos cadres. Nous ne manquerons pas de munitions de guerre, nous en avons beaucoup. Au besoin, nous en fabriquerons.

Au lendemain de la victoire des Pyramides, les Cheikh arabes présentent à Bonaparte les clés de l'immense cité du Caire.

Nombreux sont les soldats atteints de la terrible peste. Bonaparte, suivi de son état-major, visite l'hôpital de Jaffa — ce qui permettra un jour au peintre Antoine Gros de réaliser ce célèbre tableau.

Les savants, qui ont accompagné l'expédition, sont bombardés de questions par le général en chef : « Peut-on fabriquer de la bière sans houblon, car cette plante ne pousse pas en Égypte ?… Quels sont les moyens utilisés pour purifier l'eau du Nil ?… Quel est, au Caire, le plus facile et convenable à construire, le moulin à eau ou le moulin à vent ?… Y a-t-il en Égypte des ressources pour la fabrication de la poudre ? »
Bonaparte, hanté par le canal qui unissait autrefois la mer Rouge à la Méditerranée, décide de se rendre à Suez, occupé le 7 décembre 1798. C'est le seul port que les Anglais ont dédaigné de bloquer. Celui que les Arabes appellent *Abounaparte* emprunte le gué praticable à marée basse. Un gué où passèrent Moïse et les Hébreux, poursuivis par les Égyptiens. Ne pourrait-on pas refaire ce canal ? Ses compagnons l'entendent s'exclamer : « La chose est grande, mais ce n'est pas moi qui maintenant pourrais l'accomplir. » C'est en lisant cette phrase qu'un jour, au début du second Empire, le Français Ferdinand de Lesseps se mettra à rêver — et de ce rêve naîtra l'actuel canal de Suez…

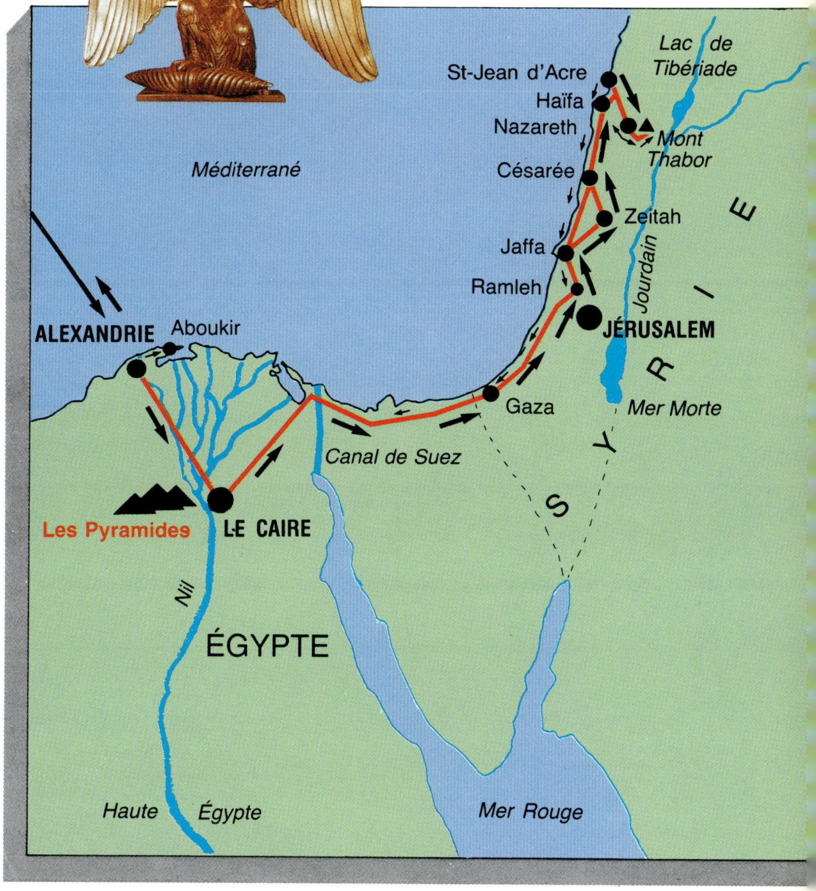

Vers la Terre sainte

La Turquie — on disait alors la Porte ottomane — devient l'alliée de l'Angleterre et se prépare à combattre les envahisseurs. Bonaparte — vous vous en doutez — ne va pas paisiblement attendre les Turcs à l'ombre des pyramides. Avec treize mille hommes, il quitte Le Caire pour attaquer la lointaine ville de Saint-Jean-d'Acre, en Syrie, occupée par les Turcs. La peste commence ses terribles ravages. Sept ou huit cents hommes vont périr à Jaffa.
Le 19 mars, l'armée arrive enfin devant Saint-Jean-d'Acre — aujourd'hui la moderne Akko

A gauche, ci-dessus, Murat, le futur roi de Naples, et beau-frère de Napoléon, s'est battu comme un lion.
A Aboukir, vous voyez Napoléon donner des ordres à ses officiers d'état-major.

— défendu par un émigré royaliste français : Phélippeaux, ancien camarade de Bonaparte à l'École militaire de Paris, qui détestait « le petit Corse ». Pendant les cours, il lui donnait de furieux coups de pied sous la table ! Or, aujourd'hui, c'est Phélippeaux qui va tenir en échec son ancien condisciple !

Le siège s'éternise et Bonaparte s'ennuie. Devant Saint-Jean-d'Acre, on creuse des tranchées, tandis que les artilleries françaises et turques poursuivent leurs bombardements. Le général en chef se dirige maintenant vers Nazareth pour se porter au secours du général Kléber attaqué par les Turcs et qui n'a que deux mille hommes avec lui. Les Ottomans sont trente-cinq mille et, durant dix heures, Kléber se bat à un contre dix-sept ! Soudain, les combattants entendent trois coups de canon. Un cri parcourt le champ de bataille : « Bonaparte ! » Napoléon, au grand galop, accourt vers le lieu du combat. Les troupes musulmanes cherchent alors leur salut dans la fuite : Kléber est sauvé !

A Saint-Jean-d'Acre, les assauts se succèdent. Le 16 mai 1799, les grenadiers français se jettent dans la brèche comme des forcenés, mais ils sont reçus par un feu meurtrier et l'ultime assaut — le huitième — échoue...

Victoire après la défaite

Bonaparte, dès la veille, avait pris sa décision :

— Si je ne réussis pas dans le dernier assaut que je veux tenter, je pars sur-le-champ ; le temps me presse. Je ne serai pas au Caire avant la mi-juin.

Et Bonaparte abandonne le siège ! Ce fut alors le lamentable retour vers l'Égypte. Les malades atteints de la peste sont abandonnés. Vous le devinez, les Arabes leur couperont la tête dès qu'ils entreront dans le camp français. Un mois après son arrivée au Caire, une estafette annonce au général en chef que, secondés par les Anglais, neuf mille six cents Turcs sont en train de débarquer. Ils ont occupé le fort d'Aboukir, non loin d'Alexandrie, après en avoir massacré la garnison. Assistons à la bataille : Bonaparte se met en route avec une armée forte de dix mille hommes. Le 25 juillet, Français et Turcs sont face à face et restent ainsi en présence durant deux longues heures, « dans ce calme avant-coureur de la tempête », a précisé Bonaparte. « Cette bataille va décider du sort du monde », annonce-t-il à Murat. Le combat se déchaîne. En une heure, les Turcs sont à la mer. Des milliers de turbans flottent sur les eaux et sont rejetés sur le rivage. Les Français n'ont que deux cents morts à déplorer.

LE COUP D'ÉTAT DU 18 BRUMAIRE

LE COUP D'ÉTAT DU 18 BRUMAIRE

Pages précédentes : *Bonaparte veut prendre le pouvoir. Dès son entrée dans l'Orangerie de Saint-Cloud où siège l'Assemblée des Cinq-Cents, alors qu'il n'a encore rien dit, sa seule présence déclenche les hostilités. Le peintre David nous montre les anciens députés de la Révolution se jetant sur lui, le martelant de coups de poing. Au milieu des cris poussés avec fureur par les Cinq-Cents, on devine : « Hors la loi le dictateur! A bas le dictateur!... Quoi! des baïonnettes, des sabres, des hommes armés ici!... Mourons à notre poste! Vive la République!... » « Le général était tellement pressé entre les députés, son état-major, les grenadiers qui s'étaient précipités à l'entrée de la salle, raconte Lavalette, l'officier qui l'accompagnait, que je crus un instant qu'il allait être étouffé. Il n'y avait pas moyen d'avancer ou de reculer... » Députés, spectateurs et soldats se battront comme des chiffonniers. L'un des représentants se prendra même le pied dans sa toge et tombera par terre de tout son long. Enfin les braves grenadiers, se frayant un chemin, parviendront à dégager leur chef et l'entraîner au-dehors de la salle.*

Devant Alexandrie, Bonaparte a envoyé un officier à bord du vaisseau de l'amiral anglais pour traiter un échange de prisonniers. Fort aimablement, l'amiral britannique remet au parlementaire *la Gazette française de Francfort,* en date du 10 juin 1799. Depuis dix mois, Bonaparte se trouve sans nouvelles de France et, vous le devinez, il parcourt le journal avec grande hâte.

— Le gouvernement a perdu l'Italie! s'exclame-t-il. Tout le fruit de nos victoires a disparu. Il faut que je regagne la France!

Ainsi décide-t-il de quitter l'Égypte, sans avoir demandé l'autorisation au gouvernement, laissant le commandement de l'armée au général Kléber. Le long voyage de Bonaparte et d'un petit groupe de fidèles se prolongera par mer, puis par terre, durant quarante-sept jours. Il débarque à Fréjus le 8 octobre 1799.

Les Directeurs — les cinq rois qui gouvernent la France... fort mal d'ailleurs — sont effrayés par ce retour. Bonaparte, disait-on, « est le soleil levant ». Tous les regards se tournent vers lui, on ne peut se méprendre sur le rôle immense qu'il va jouer.

Comment prendre le pouvoir?

Napoléon est bien décidé à prendre le pouvoir. Mais comment agir? Quel plan choisir? Bonaparte se rapproche du directeur Sieyès, un ancien abbé. Celui-ci estime, lui aussi, que cette situation lamentable ne peut se prolonger. Le désordre est partout. Dans les finances, dans les mœurs et sur les routes. L'abbé a toujours des projets de gouvernement en tête. Il explique à Bonaparte que l'on pourrait créer un consulat ayant à sa tête trois

consuls. On fera croire aux représentants des deux chambres des députés — on appelait les membres de ces deux Assemblées les *Anciens* et les *Cinq-Cents* — qu'un complot anarchiste venait d'être découvert.

C'est ainsi qu'un des députés acquis à Bonaparte, le citoyen Cornet, lit à la tribune l'un de ces discours dont les hommes politiques de l'époque possédaient le secret. Il y était question, le plus sérieusement du monde, « du squelette de la République, jeté entre les mains des vautours qui s'en disputaient les membres décharnés ». Ces « vautours » désignaient les habitants des faubourgs de la ville de Paris, qui semblent bien calmés, mais dont on craignait toujours le réveil. Autrefois, sous le moindre prétexte, ils n'hésitaient pas à envahir la salle des délibérations pour imposer

A gauche, voyez l'abbé Sieyès qui aidera Bonaparte à renverser le Directoire; pourtant l'ex-abbé en fait partie... Bonaparte s'adressera à lui et le Consulat verra le jour.

Bonaparte, en-haut, ayant abandonné son armée en Égypte, débarque à Fréjus après un voyage de quarante-six jours.

leur volonté. Aussi les *Anciens* s'empressent-ils, le 18 brumaire — c'est le 9 novembre —, de voter le transfert des deux Assemblées à Saint-Cloud, loin « des mains des vautours », et de nommer, pour les protéger d'une possible « manif », le général Bonaparte commandant, la garnison de Paris.
Le lendemain, 19 brumaire, la grande inconnue demeure la seconde Chambre : les *Cinq-Cents,* parmi lesquels on compte encore de nombreux députés d'extrême gauche. On les appelle les Jacobins, et sont les résidus de la terrible et sanglante Convention.
Comment ceux-ci vont-ils réagir ?

Le château de Saint-Cloud, où s'est jouée la journée du 18 Brumaire, n'existe plus. Il a été brûlé lors de la guerre de 1870, mais le tracé de sa façade, lorsqu'on arrive de Paris, est toujours marqué par des boulingrins bordés d'ifs.

« Point de dictature ! »

En cette froide et brumeuse journée de novembre, Saint-Cloud présente un spectacle inattendu. Les cafés et restaurants sont bourrés de députés et de Parisiens qui viennent là comme au spectacle. Le repas de certains parlementaires passe mal. Si Bonaparte réussit, que vont-ils devenir? Ils seront au chômage ! Dans l'avenue montant au château — c'est aujourd'hui le début de l'autoroute de l'Ouest —, les troupes bivouaquent et considèrent la situation à leur point de vue :
— Il est temps de f... dehors tous ces orateurs! Avec leur bavardage, ils nous laissent depuis six mois sans solde et sans souliers; nous n'avons pas besoin de tant de gouvernants!
Les salles de séance — le *Grand Salon* pour les Anciens, l'*Orangerie* pour les Cinq-Cents — ne sont, hélas! pas prêtes. Les députés — les deux assemblées mêlées — commencent de fâcheuses discussions en plein air. Ils bavardent, s'interrogent tout en regardant avec inquiétude la profusion d'uniformes qui les entourent. Les Cinq-Cents parlent haut et ferme : « Ah! il veut être un dictateur! Il faut l'en empêcher! » Les Anciens mollissent. Ceux qui font partie du complot n'osent plus parler aussi ouvertement. Un vent d'opposition commence à se lever. A une heure, l'Orangerie est prête. Les Cinq-Cents ont revêtu leur toge et leur ample manteau rouge, dessinés par le peintre David. Ils s'installent... et c'est immédiatement la tempête. Les cris montent :
— Point de dictature! Nous sommes libres ici! les baïonnettes ne nous effraient pas!
Le président — Lucien Bonaparte, l'un des frères du général — essaie, mais en vain, de rétablir un semblant de calme. Fort heureusement, ces messieurs aiment les scènes théâtrales. L'un d'eux propose de prêter serment à la Constitution. Lucien Bonaparte s'incline. Afin de gagner du temps, il demande à chacun de jurer fidélité au régime qu'il renversera lui-même tout à l'heure. Chaque député monte donc à la tribune, étend le bras droit dans un joli mouvement de toge, prononce son serment et regagne sa place. Les conjurés ont ainsi deux bonnes heures devant eux...

Lucien Bonaparte, alors président de l'Assemblée des Cinq-Cents, aidera son frère à prendre le pouvoir. Sans lui, l'affaire aurait peut-être mal tourné. Il se brouillera avec Napoléon, mais le pape le nommera prince de Canino.

Bonaparte est déclaré « hors la loi »

Le général sent que s'il n'intervient pas personnellement, tout est perdu. Il décide de commencer par les Anciens. S'il parvient à les convaincre de voter la chute du régime, ils entraîneront les Cinq-Cents. Suivi de son état-major, il entre dans le Grand Salon. En voyant se braquer sur lui les yeux des députés, il perd son assurance. Son discours est lamentable. Il bredouille et essaie de tranquilliser les députés en leur affirmant qu'il saura les sauver du complot qui les menace. Ce complot terroriste qui n'existe pas! Il se trouble, se sent ridicule et devient violent. Il s'exclame, en se tournant vers les grenadiers de garde :
— Et vous, mes braves grenadiers, que je vois autour de cette enceinte, si quelque orateur, soldé par l'étranger, ose prononcer contre votre général les mots *hors la loi,* que la foudre de la guerre l'écrase à l'instant!
En évoquant le pouvoir militaire, l'apprenti dictateur achève de dresser contre lui les députés. Des murmures de protestation s'élèvent.

A l'assemblée des Cinq-Cents, ce fut bien pis : la bagarre se déchaîne avec une violence inouïe. Napoléon ne reprendra ses esprits que hors de la salle. Quelques minutes plus tard, il apprend que les députés l'ont déclaré hors la loi — ce qui équivaut, à l'époque, à une condamnation à mort. Aussitôt il brandit son épée et se précipite dans la cour en criant : « Mon cheval! ».
En voyant apparaître l'animal qui rue, piaffe et se cabre, Bonaparte est un peu inquiet : deux hommes ont du mal à tenir la bête. Non sans difficulté, Bonaparte l'enfourche et tente de cavalcader noblement. Dans sa fièvre, il égratigne quelques boutons couvrant ses joues. Il saigne, ce qui lui permet d'affirmer que les députés ont voulu l'assassiner! Vous imaginez la scène!

Il faut en finir !

Il est maintenant plus de cinq heures ; le jour baisse. La brume de novembre noie le parc ; il

faut en finir avant la nuit ! Lucien Bonaparte fait passer à son frère ce billet angoissé : « Avant dix minutes, il faut interrompre la séance ou je ne réponds plus de rien. » Peu après, entouré de soldats venus l'enlever de son fauteuil de président, Lucien arrive devant le château. A son tour, il monte à cheval, demande aux grenadiers d'expulser les députés qui assiègent la tribune. Il jure qu'il tuera son propre frère s'il détruit les libertés républicaines. La garde acclame l'orateur et Bonaparte peut alors donner l'ordre de marcher. Les tambours battent le pas de charge. Les soldats, baïonnette au canon, envahissent l'Orangerie et le Grand Salon. C'est immédiatement un sauve-qui-peut général. Les Cinq-Cents et les Anciens, enjuponnés, ridicules dans leur déguisement romain, sautent par les fenêtres. Ils se perdent dans le parc. Quelques récalcitrants s'accrochent à leur siège, mais les soldats les prennent à bras-le-corps et les déposent à l'extérieur. Ceux qui résistent par trop sentent l'acier des baïonnettes leur caresser le dos. Dehors, c'est la déroute, une fuite éperdue à travers le parc. La nuit venue, on parvient à réunir quelques députés de bonne volonté. Tout heureux de pouvoir garder leur place, ils acceptent de remplacer le Directoire par un gouvernement de trois consuls. Bonaparte, Sieyès et Ducos.

Le matin du 18 brumaire, les officiers de la garnison de Paris acclament Bonaparte qui va quitter sa maison pour prêter serment de fidélité au pouvoir qu'il renversera le lendemain à Saint-Cloud. Et c'est pourquoi le fameux coup d'État du 18-Brumaire aura lieu le 19, contrairement à ce qu'affirmera votre livre d'histoire.

LE PREMIER CONSUL

LE PREMIER CONSUL

Pages précédentes : quelques jours avant la fin du XVIIIe siècle, le 25 décembre 1799, au palais du Luxembourg, les Trois Consuls peints par Antoine Couder — de gauche à droite Lebrun, Bonaparte et Cambacérès — reçoivent le serment des membres du Conseil d'État. Alors que le troisième, Lebrun, mènera un train de petit-bourgeois, le deuxième consul, Cambacérès, éclaboussera ses hôtes par son luxe royal : cinquante à soixante laquais en livrée de drap bleu galonné d'or s'empresseront autour de ses invités.
Quant « au citoyen et à la citoyenne Bonaparte », ils vivront fort simplement. Nul apparat au Petit-Luxembourg. On campera encore. Les domestiques n'auront ni galons ni livrées. Il n'y aura qu'un seul maître d'hôtel — ce qui sera surprenant pour l'époque. Le Premier consul ne demeure pas plus d'une demi-heure à table. On ne lui sert qu'un seul service qui comprend les entrées, le rôti et l'entremets. Vient ensuite le dessert. Quelque temps après sa nomination au Consulat, on lui représenta que ses dîners étaient par trop brefs ; il les allongera de quelques minutes.

Le Directoire est mort, et le lendemain Paris se réveille « sous le Consulat ». Le soir, en dépit de la pluie et d'un vent assez fort, toute la ville s'illumine. Des cortèges de commissaires et de juges de paix, flanqués de troupes précédées de leur musique, parcourent les rues. Ils lisent à la clarté des torches la loi votée la nuit précédente, créant le Consulat. Bonaparte se rend au palais du Luxembourg pour accomplir son premier acte de chef d'État. Après une conversation avec son « complice », l'abbé Sieyès, a lieu la première réunion entre les trois consuls provisoires. Roger Ducos, ex-juge de paix, un peu surpris de se retrouver encore au pouvoir, déclare, en s'inclinant vers Bonaparte :
— Il est bien inutile d'aller aux voix pour la présidence, elle vous appartient de droit.
Mais il s'agit encore d'une présidence provisoire. La situation de la France est catastrophique. Le désordre règne partout. Lorsque Bonaparte veut expédier un courrier, pas le moindre argent à donner au cavalier pour ses frais de route ! Le nouveau consul désire connaître le nombre exact de ses soldats ? Personne ne peut le renseigner. Cependant, Sieyès qui, lors de ce premier conseil, a vu Bonaparte parler avec science des finances, de l'administration, de l'armée, de la politique et des lois, sort absolument abasourdi de la séance en répétant : « Messieurs, vous avez là un maître ! Cet homme sait tout, veut tout et peut tout ! »

« Vous avez là un maître !... »

Il s'agit à présent d'élire les trois consuls à titre définitif. Pendant le scrutin, Bonaparte, adossé à la cheminée, se chauffe. Au moment où va commencer le dépouillement, il s'avance vers la table, ramasse les bulletins et,

se tournant vers Sieyès, il lui dit gravement et fort adroitement :
— Au lieu de dépouiller ces bulletins, donnons un nouveau témoignage de reconnaissance au citoyen Sieyès en lui décernant le droit de désigner les trois premiers magistrats de la République, et convenons que ceux qu'il aura désignés seront les élus.
De cette façon, Sieyès, le seul qui aurait pu rivaliser avec Bonaparte, s'élimine lui-même — il ne peut pas voter pour lui... Roger Ducos, se rendant compte qu'il n'est pas assez compétent, s'efface, et Bonaparte, désigné par Sieyès, choisit lui-même ses deux assesseurs satellites — pour ne pas dire figurants. Il nomme d'abord le juriste Cambacérès, précieux pour aider Bonaparte à donner des lois aux Français. Puis l'ancien député Lebrun est désigné. C'est un homme modeste, et doux.

Ce somptueux costume brodé d'or du Premier consul a été conservé. Assurément, il aurait préféré garder son uniforme déjà légendaire. Mais, lorsqu'il recevait un ambassadeur étranger, ne fallait-il pas lui démontrer qu'il était également un chef d'État ?

Ci-dessous, l'entrée du Petit-Luxembourg. Combien de fois Bonaparte a gravi ces trois marches qui conduisent aujourd'hui aux appartements du président du Sénat !

Quels sont alors les projets du Premier consul ? Écoutez-le :
— Consolider la République et la rendre redoutable à ses ennemis. Pour consolider la République, il faut que les lois soient fondées sur la modération, l'ordre et la justice. Etre modéré est la base même de la morale et la première vertu de l'homme.
Il reçoit des chefs chouans. Ce sont des royalistes qui, comme les Vendéens, combattent depuis près de six années la République. Il leur demande de rallier la nouvelle France :
— Les Bourbons n'ont plus de chance ; vous avez fait pour eux tout ce que vous deviez faire. Vous êtes braves, rangez-vous du côté de la gloire ! Servez sous mes drapeaux ! Si vous ne faites pas la paix, je marcherai sur vous avec cent mille hommes.
— Nous tâcherons de vous prouver que nous sommes dignes de vous combattre, répond le chouan qui refuse la main qui lui est tendue.

Bonaparte au château des Tuileries

Le 19 février 1800, Bonaparte annonce à Bourrienne, son ami de l'École militaire, qu'il couchera le lendemain au château des Tuileries :
— Il faut que j'aille avec un cortège : cela m'ennuie, mais cela fait bien pour le peuple.

Le « cortège » débouche sur la place du Carrousel. Après la voiture de gala un peloton de cavaliers, les conseillers d'État se sont entassés dans des fiacres baptisés carrosses par les journaux du temps. La foule, qui assiste au spectacle, pousse un grand cri de *Vive Bonaparte !*

Et voici les trois Consuls assis dans le carrosse tiré par six chevaux blancs, cadeau de l'empereur d'Autriche François au lendemain du traité de Campoformio, ce même empereur François qui deviendra plus tard le beau-père de l'empereur Napoléon — vous le verrez plus loin...

Après avoir parcouru les rangs des troupes, le Premier consul vient se placer devant la façade du château des Tuileries. Derrière lui s'est massé un nombreux état-major de jeunes officiers. Tous ont pris part à plus de combats qu'ils ne comptent d'années. Quand le consul voit passer devant lui les drapeaux, dont certains ne présentent plus qu'un bâton et quelques lambeaux d'étoffe criblés de balles et noircis par la poudre, il ôte son chapeau et s'incline. Une vibrante acclamation monte alors vers lui. Ce même jour — ordre symbolique —, il ordonne d'arracher les arbres de la Liberté plantés dans la cour.

Sur les traces d'Annibal

La guerre reprend avec violence en Italie et risque de s'allumer de nouveau en Allemagne. Les nouvelles que reçoit Bonaparte sont mauvaises. En Italie, le général Masséna, qui a sur les bras toute l'armée autrichienne, s'est enfermé dans Gênes avec la moitié de ses forces tandis que le reste de son armée recule vers Nice. Il faut se porter à son secours !

Si vous étiez entré dans le bureau du Premier consul, vous l'auriez vu étendu à plat ventre sur la grande carte d'Italie, et piquant des épingles sur les points où il conduira ses troupes. En traversant les Alpes et en passant par le col du Grand-Saint-Bernard, le Premier consul arrivera sur les arrières de l'ennemi. Il le surprendra, car les Autrichiens ne peuvent imaginer que le général Bonaparte et son armée oseront pénétrer en Italie par un chemin aussi dangereux et aussi difficile.

A trois heures du matin — le 9 mai 1800 —, Bonaparte arrive à Genève, devenu le chef-lieu du département *français* du Léman. Près de Saint-Maurice du Valais, il inspecte l'infanterie du général Lannes qui, après l'avant-garde, s'apprête à prendre à son tour le chemin du mont Saint-Bernard. La pluie qui tombe depuis huit jours s'est arrêtée.

Voyez le fameux passage du mont Saint-Bernard par l'armée française. Ce tableau illustre ce texte dicté par Bonaparte : « Un simple arbre qu'on a creusé en forme d'auge, dans laquelle on a couché les pièces de 8 et les obusiers ; cent hommes s'attelaient à un câble, traînaient la pièce et mettaient deux jours pour lui faire passer le Saint-Bernard. »

— Tout est-il prêt? demande-t-il à Lannes.
— Nous emporterons peu de vivres, lui répond son ami, et chaque homme n'a reçu que vingt cartouches au lieu de quarante. S'il le faut, on se battra au sabre et à l'épée pour épargner les munitions.
Nombreux sont encore les hommes qui partent en sabots à l'assaut des Alpes! D'autres portent des chaussures neuves — il n'existe à l'époque ni pied gauche ni pied droit — et elles blessent à tel point les pieds des soldats qu'ils préfèrent les enlever.
Bientôt les hommes de Lannes, au milieu des rafales de vent glacé et des menaces d'avalanches, montent vers le fameux hospice du Mont-Saint-Bernard. C'est pour Bonaparte le début d'une nouvelle épopée.
A l'hospice, les « bons pères » ont fait venir des deux vallées, mais surtout du versant suisse, une grande quantité de fromage, de pain et de vin. Des tables sont dressées entre la maison et la route, et attendent l'armée.

Le Grand-Saint-Bernard

En trois jours, trente mille hommes, glissant, tombant, se relevant, grimpent par des chemins exécrables et enneigés dès que l'on dépasse une certaine altitude. Une centaine de canons et des milliers de caisses de vivres et de munitions doivent également franchir le col. Même en plaçant dix mulets à la tête de chaque attelage, le verglas, la neige, les torrents, dont les eaux ont débordé, rendent l'opération impossible. C'est alors qu'intervient un paysan :
— Au temps où j'étais un jeune gars, j'ai entendu dire à un vieux caporal que, pour faire passer des canons dans la montagne, il faut d'abord tout démonter. Ensuite, on prend un tronc de gros sapin de sept pieds de long. On l'arrondit aux deux bouts pour qu'il ne pique pas en terre. On creuse l'intérieur afin de loger le canon. Un piquet de fer permet de fixer des cordages. Sur ces cordages, on attelle des hommes ou des mulets, et ça va tout seul, paraît-il.

Ainsi fait-on... Pour l'affût lui-même, il faut une vingtaine d'hommes. Quant aux roues, celles-ci sont transportées à dos de mulet ou bien à bras d'hommes. Vous vous rendez compte! Un cauchemar pour les soldats, un calvaire pour les bêtes de somme! Mais l'armée et son matériel passeront au milieu d'ouragans de neige et de tourbillons de vents glacés!

Au tour de Bonaparte de franchir maintenant la montagne. Au petit village de Saint-Pierre, en face du chevet de l'église, se trouve l'*Auberge de la colonne milliaire,* la vingt-quatrième jalonnant la route romaine du col. Elle existe toujours et vous pourrez la voir. C'est la dernière halte avant la terrible montée. Le consul s'assied devant une table que l'on vous montrera, ainsi que le fauteuil à oreillettes dont il s'est servi.

A la porte de l'auberge, le guide Pierre-Nicolas Dorsaz l'attend auprès de sa mule et prend Bonaparte pour un simple officier. En route pour l'hospice! La neige, de plus en plus épaisse, recouvre le sol. Il fait froid, et le consul boutonne haut sa redingote. Le vent se lève. La montée est rude. Il ne cesse d'interroger le guide sur les deux vallées, il entre dans tous les détails, pose des questions sur les moyens de vivre des habitants. Après avoir dévoilé son identité, Bonaparte fera remettre à Pierre-Nicolas Dorsaz une coquette somme d'argent et on affirme que le guide, à la suite de la générosité du consul, pourra enfin se marier...

Brusquement, niché au creux du col, coincé presque entre la Suisse et l'Italie, apparaît le bâtiment de l'hospice qui compte alors seulement deux étages. La pierre du lourd édifice paraît encore plus grise sous l'épaisse couche

Ce n'est pas sur un cheval aussi nerveux que Bonaparte monta vers le col du Grand-Saint-Bernard, ainsi que l'a montré le peintre David dans ce célèbre tableau, mais plus paisiblement sur une mule aux jambes plus solides sur les durs chemins longeant les précipices.

de neige qui, en cette saison, l'environne de toutes parts. Le consul gravit les quelques degrés et entre dans l'hospice. On lui sert du pot-au-feu, des légumes secs et un ragoût. Il se remet en marche et, lorsque la nuit tombe, arrive à Saint-Rhémy, un hameau de quelques maisons blotties entre deux pentes. Il retrouve là son cheval et dormira au presbytère. Après une mauvaise nuit, Bonaparte reprend la route d'Aoste. La vallée est souriante et les arbres sont en fleurs. Les soldats de l'armée ne sont pas dépaysés car tout le val d'Aoste parle le français — et il en est encore de même de nos jours. Toute l'armée est passée. Voulez-vous quelques chiffres ? 50 000 hommes, 10 377 chevaux, 750 mulets, 76 pièces d'artillerie et un même nombre de caissons, 49 affûts, des traîneaux et 103 voitures.

Milan est reprise

Napoléon apprend que la citadelle de Milan vient de capituler. Aussi décide-t-il de faire dans la capitale lombarde une entrée digne de l'événement, mais un orage éclate. Le cortège est obligé de s'arrêter à l'entrée des faubourgs. La pluie transperce le toit de la voiture dont les occupants doivent aller se réfugier dans une ferme. On repart... et une nouvelle averse s'abat sur le carrosse. Devant ce spectacle si différent de l'entrée triomphale du général Bonaparte en 1797, les Milanais sont beaucoup moins enthousiastes. Ils craignent encore un retour victorieux des Autrichiens. Contenue par les cavaliers du général Murat, la foule demeure muette au passage du cortège. Pas le moindre cri de *Vive Bonaparte!* A son arrivée au palais « archiducal », Napoléon ne cache pas sa fureur.
Cependant une bonne nouvelle lui parvient : son grand ami Desaix en revenant d'Égypte, avait été capturé par les Anglais. Il vient d'être libéré et s'est empressé de gagner l'Italie. Bonaparte lui confie le commandement de deux divisions. Au lieu de le garder près de lui, il l'envoie combattre l'ennemi vers Novi. Quelle erreur!
Les Autrichiens, apprenant que l'armée de Bonaparte est ainsi réduite, foncent vers la plaine de Marengo. La situation n'est guère brillante.

La bataille de Marengo

Ce 14 juin 1800, le futur empereur jouera toute sa fortune! Il ne possède que quinze canons tandis que le général autrichien Melas a pu réunir une centaine de pièces! Rapidement, la bataille fait rage. L'artillerie autrichienne est sept fois plus forte que celle de Bonaparte. Bientôt l'infanterie française se trouve dans l'obligation de battre en retraite sous la poussée de quarante mille Autrichiens. Déjà Melas envoie un courrier à Vienne annonçant sa victoire. Autour de Bonaparte, l'état-major est inquiet. Desaix, rappelé de Novi, débouche à cet instant sur le champ de bataille avec des troupes fraîches.
— La bataille est perdue, constate-t-il.

Le général Desaix est mortellement frappé. Il murmure : « Allez dire au Premier consul que je meurs avec le regret de n'avoir pas assez fait pour la postérité. » Quand on apportera le corps de son ami au quartier général, Bonaparte sera bouleversé par le chagrin.

Cependant, il ajoute : « Mais il n'est pas deux heures, nous avons le temps de gagner une autre bataille aujourd'hui. J'arrive, nous sommes frais, et, s'il le faut, nous nous ferons tuer. »

Déjà, les Autrichiens ont placé sur leurs shakos des feuillages — signe de grand succès. Ils avancent fièrement, l'arme sur l'épaule, comme s'ils rentraient chez eux.

Mais les soldats de Bonaparte sont justement en train de reprendre courage. Ils ont vu arriver, en rangs serrés, sur le champ de bataille, les deux divisions amenées par Desaix. Elles marchent calmement, sans se hâter. L'artillerie s'est mise dans les intervalles des demi-brigades. Un régiment de grosse cavalerie ferme la marche. L'ennemi, de plus en plus assuré de sa victoire, les dépasse sans même les voir.

Desaix attaque.

A deux heures, dans le camp français, régnaient la désolation et l'angoisse. C'était la défaite, la fin peut-être de Bonaparte et de sa fortune ! A cinq heures, la victoire fait briller les yeux et met la joie au cœur. Les Autrichiens s'enfuient ! Bonaparte a reconquis l'Italie pour la seconde fois !... Mais le général Desaix a disparu. En marchant à la tête de la 9e demi-brigade légère, une balle lui a traversé la poitrine.

A Paris, la nouvelle de la victoire de Marengo déclenche un enthousiasme d'autant plus extraordinaire que, sur la foi d'un premier courrier envoyé au début de la journée, on avait cru la bataille perdue.

Le matin du 3 juillet, le canon annonce aux Parisiens que le vainqueur a regagné les Tuileries dans la nuit. Aussitôt la foule se précipite. On réclame le Premier consul. Il paraît au balcon tandis que la musique de la garde consulaire éclate. De longs cris d'enthousiasme montent vers lui.

— Vous entendez ces cris, Bourrienne ? s'exclame-t-il. Ils sont aussi doux à mon cœur que la voix de Joséphine.

Deux jours plus tard, sous un clair soleil, tout Paris se porte au Carrousel. Il fait beau, 18° à midi, et dans le ciel bleu passent quelques nuages. Bonaparte se place face au château, à l'endroit où s'élève aujourd'hui le petit arc de triomphe du Carrousel. La musique militaire fait entendre ses marches lentes et solennelles pendant que les troupes défilent, et Bonaparte regarde ces hommes avec lesquels il va conquérir l'Europe...

Le Consul donne ses ordres au futur maréchal Berthier afin de prendre maintenant l'offensive et essayer de transformer la retraite en assaut — et Marengo sera une victoire !

DILIGENCES
LILLE, DUNKERQUE, BRUGES, GAND, OSTANDE
BRUXELLE ROYE MALLINES
MONS, ANVERS, LA HOLLANDE, NAMUR
SANLIS, COMPIÈNE, NOYON, S^T QENTIN

LE RÉVEIL DE LA FRANCE

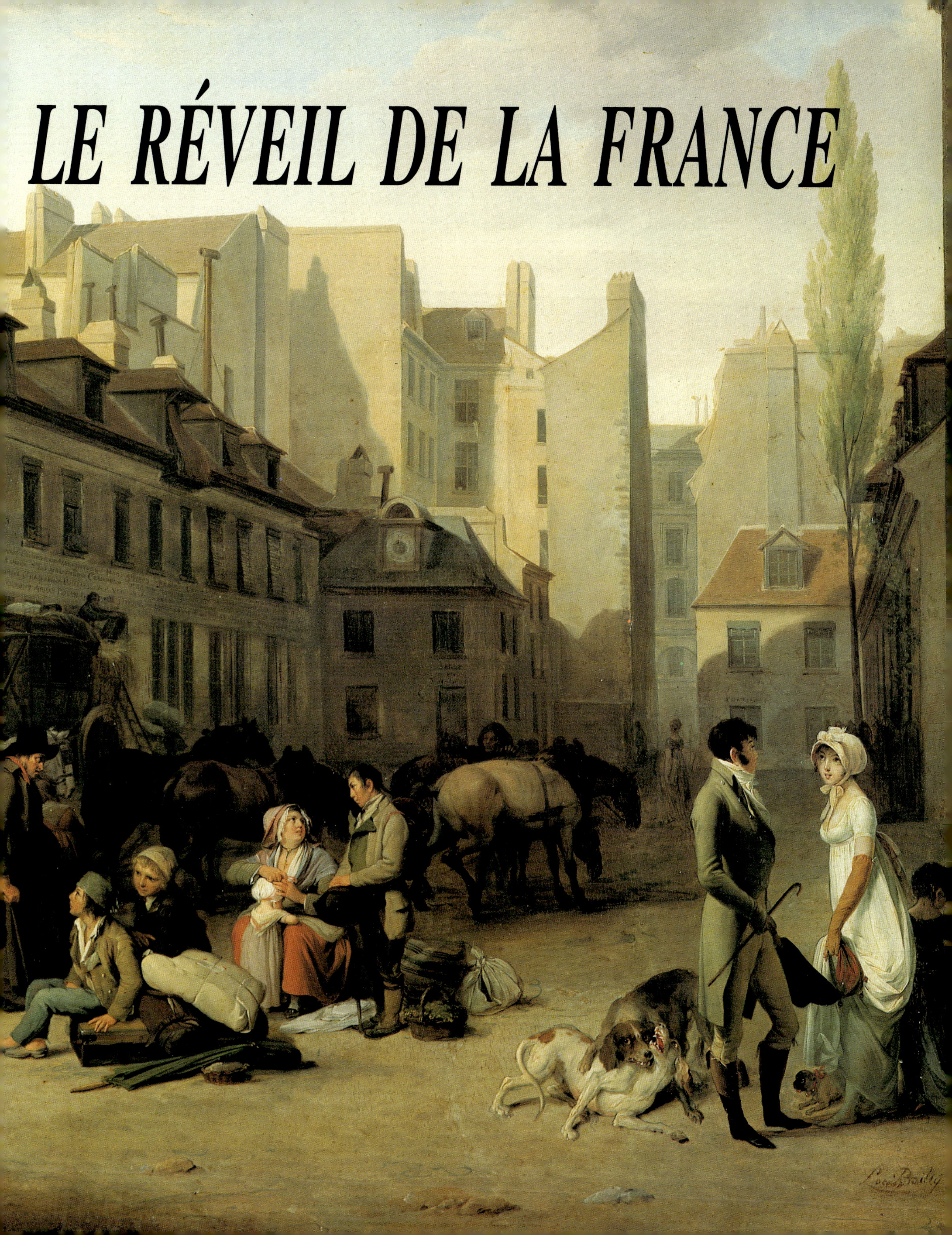

LE RÉVEIL DE LA FRANCE

Pages précédentes : la France renaît! Les routes seront refaites, les ponts reconstruits et les diligences, comme Louis-Léopold Boilly l'a représenté dans la Cour des Messageries — vous le voyez ici —, pourront à nouveau circuler et relier Paris à la province.
En dix années de révolution, la France semblait être revenue à l'état sauvage. Seuls les bandits de grands chemins, les détrousseurs masqués de diligences et les dévaliseurs de courriers étaient bien organisés pour voler et tuer.
Le brigandage régnait sur tout le pays. Se rendre de Nice à Marseille sans se faire dévaliser était un exploit. Les bagages de Bonaparte, eux-mêmes, n'avaient pas été respectés lors de sa traversée de la Provence. Bien entendu, piller les deniers publics était considéré par certains comme une bonne œuvre. Les fonctionnaires, totalement dépassés, laissaient faire. Les impôts sont fort mal payés, ou bien on les acquitte en papier — des assignats — n'ayant plus qu'une valeur symbolique. Un député, il s'appelait Cornet, avait parlé, le 18 Brumaire, des « mains des vautours *se disputant les membres décharnés du squelette de la République* ».

La confiance renaît en France et, le 15 août 1800, à leur grand étonnement, les rentiers et pensionnés, qui n'avaient touché depuis la Révolution que du papier, reçoivent leur pension ou leur rente en pièces d'or et d'argent. Nombreux sont les émigrés royalistes qui, ayant quitté la France au début de la Révolution, regagnent leur maison. Ils se regardent tout d'abord timidement « comme des gens ayant échappé à un naufrage, nous dit un témoin, et qui se retrouvent dans une île déserte ». Mais, peu à peu, l'attitude du Premier consul leur rend le goût de la vie.
L'extrême gauche — on disait alors les *Jacobins,* car ils se réunissaient dans l'ancien couvent des moines jacobins — et certains royalistes reprennent leur projet : assassiner Bonaparte. Les meurtriers cherchent le moyen le plus efficace : tirer un coup de pistolet dans le dos de Napoléon pendant une revue du Carrousel ? Ou bien, entreprise plus hardie, introduire un baril de poudre dans les caves des Tuileries et faire tout sauter. Finalement, ils préféreront placer leur tonneau bourré de mitraille sur le trajet de Bonaparte, qui doit se rendre à l'Opéra, le 24 décembre. Ce soir-là, une nuit brumeuse et froide tombe sur Paris. La neige menace, car nous sommes en *nivôse.*

La machine infernale

Pour se rendre au théâtre, Bonaparte part le premier, précédé d'une escorte de cavaliers de la Garde des Consuls. La voiture de Joséphine le suit. Huit heures sonnent au clocher voisin de Saint-Roch, tandis que l'équipage, après avoir traversé le Carrousel, s'engage dans la rue Saint-Nicaise, une petite rue dans le quartier s'étendant alors entre les Tuileries et le Louvre.

Bonaparte somnole... Soudain, une effroyable explosion déchire l'air. La déflagration a brisé les vitres de la voiture qui s'arrête après avoir traversé la rue Saint-Honoré. Le cocher vient prendre les ordres. Il faut repartir au plus vite, sans perdre une minute. L'ennemi, voyant le consul sain et sauf, pourrait profiter de cette halte pour l'abattre. Sans même savoir si Joséphine est sortie indemne de l'attentat — elle l'était, fort heureusement —, Bonaparte ordonne : « A l'Opéra ! ».

La machine a éclaté après le passage des deux voitures, mais elle a fauché la fin de l'escorte, fait une dizaine de morts et blessé vingt-huit personnes. Après une brève apparition à l'Opéra, Bonaparte regagne les Tuileries.

— Voilà l'œuvre des révolutionnaires ! s'exclame-t-il.

Le consul se trompe. Fouché, son ministre de la Police, fait arrêter les comploteurs : ce sont trois royalistes, trois chouans, qui ont tenté le coup. Deux seront retrouvés et monteront à l'échafaud, le troisième parviendra à s'enfuir jusqu'en Amérique.

Pendant ce temps, les Autrichiens se font prier pour signer la paix. Afin de les obliger à

Une gravure qui nous montre l'atroce explosion de la machine infernale et qui n'est nullement exagérée. Le ministre de la Police — Fouché — montrera à tous les marchands de chevaux de Paris les restes de la petite jument attelée à la voiture contenant le tonneau bourré de mitraille. Et c'est ainsi, en retrouvant les acheteurs du petit cheval, que l'on sera mis sur la piste des assassins.

Talleyrand, le célèbre ministre, le reconnaîtra : « Lorsque, en 1802, Napoléon rétablit le culte en France, Bonaparte a fait non seulement acte de justice, mais aussi de grande habileté... Le Napoléon du Concordat signé avec l'Église, c'est le grand Napoléon, éclairé par son génie. »

traiter, Bonaparte les menace de les attaquer à la fois en Italie et sur le Rhin. Par la paix de Lunéville au mois de février 1801, il obtient confirmation de la cession de la rive gauche du Rhin. Un an plus tard, au mois de mars 1802, l'Angleterre se résignera à déposer les armes. Londres a besoin de repos, si court soit-il. L'Angleterre considère cette paix comme honteuse et Bonaparte sait bien qu'il ne peut s'agir que d'une trêve.

La France « fille aînée de l'Église »

En attendant de reprendre les armes, le consul veut apporter une solution au problème de l'Église catholique, qui divise les Français depuis 1790. Rappelez-vous, cette année-là, les révolutionnaires avaient voté une « constitution civile du clergé ». Les évêques seraient nommés par l'État et les prêtres devenaient des salariés du pouvoir. Les biens du clergé avaient été confisqués et vendus comme « biens nationaux ». Mais le pape avait condamné cette mesure. Un compromis est enfin signé avec Rome, afin d'organiser l'exercice de la religion en France. L'Église renonce à réclamer les biens confisqués, mais obtient l'annulation de « la constitution civile du clergé ». Oui, tout cela vous semble compliqué, mais, suivez-moi bien, voici le résultat : le Premier consul désignera les évêques, cependant le pape conservera le droit de leur donner « l'investiture canonique » sans laquelle ils ne pourraient exercer leur charge. C'est ce que l'on appelle, au mois de juillet 1801, le Concordat.
Toutes les autorités se rendent à Notre-Dame pour la première cérémonie : un *Te Deum.* Mgr de Belloy, cardinal presque centenaire

— il était né sous le roi Louis XIV ! —, accueille les trois consuls et les conduit à l'autel. La Cour semble bien étonnée de se trouver là. Ainsi que le remarquera en souriant Bourrienne, les hommes qui la composaient « avaient le plus contribué à la destruction du culte catholique en France et étaient plus souvent entrés dans les églises d'Italie pour y prendre des tableaux que pour y entendre la messe ».

Consul à vie

Le 10 mai 1802, le Conseil d'État vient soumettre au Premier consul le texte de deux questions que l'on posera aux Français ayant le droit de voter. Ceux-ci sont un peu moins de quatre millions.
Et voici ces questions :
« 1° Napoléon Bonaparte sera-t-il nommé consul à vie ? —
2° Aura-t-il la faculté de désigner son successeur ? »
En somme, c'est le retour pour la France à la monarchie qui, vous le savez, avait disparu dix années auparavant. Il s'agit de la création d'une nouvelle dynastie, puisque le mot « successeur » est écrit en toutes lettres dans le texte.
Les votes sont, pour Napoléon, une éclatante victoire. Le 29 juillet 1802, le Sénat annonce les résultats : « Le peuple français nomme, et le Sénat proclame Napoléon Bonaparte Premier consul à vie. » Sur 3 577 259 votants, il n'y eut que 8 374 Français à ne point vouloir faire de Bonaparte une manière de roi.
60 395 électeurs de Paris ont voté *oui*. Les opposants ne sont que 50 ! Et la Vendée ? On attendait avec impatience le vote de ce département royaliste : c'est stupéfiant : 17 079 ont voté *oui* contre 6 *non !*
Le prénom prestigieux de Napoléon apparaît sur les pièces de monnaie. Le 15 août — date de la naissance du nouveau maître — est décrété fête nationale. Même certains royalistes commencent à l'admirer et à trouver que Bonaparte a du bon.

Regardez la silhouette de Bonaparte quand il est encore Premier consul. Plus tard, il grossira et vous retrouverez l'image qui vous est familière : celle de Napoléon, un homme un peu trop gros — « enveloppé », disait-on...

Demandez à vos parents de vous conduire au château de Malmaison près de Paris. Vous verrez le bureau où Bonaparte travaillait. Le décor est intact et vous pourrez vous imaginer que le futur empereur vient de quitter la pièce par la porte-fenêtre qui se trouve derrière lui et qui donne sur le jardin.

Le Code civil

Le Code civil demeure l'un des témoignages les plus frappants du génie de Napoléon. Il disparaîtra, son empire s'écroulera, mais ses lois continueront à conduire les peuples. Animée par Bonaparte, conduite par Cambacérès, une commission commence son immense travail : il en sortira un jour le *Code Napoléon,* c'est-à-dire le Code civil. Vous en avez certainement entendu parler. Il définit et rassemble toutes les lois qui régissent la vie des Français.

Durant les longues séances de travail, le consul écoute avec patience et attention, interroge sans cesse et ne rougit nullement d'avoir à avouer ne rien connaître à certains problèmes. Il multiplie donc les questions, demandant le sens exact et la définition précise des mots qu'il ignore. A cette époque, Bonaparte admet encore la discussion. Lorsqu'il deviendra empereur, il ne la supportera plus...

Quand tout sera écroulé et qu'il ne sera plus que le prisonnier de l'Angleterre, attendant la mort dans la lointaine île de Sainte-Hélène, il pourra dire — rappelons-le — :

— Ma gloire n'est pas d'avoir gagné quarante batailles. Ce que rien n'effacera, ce qui vivra éternellement, c'est mon Code civil !

Malmaison

Bonaparte se rend le plus souvent possible à Rueil, au délicieux château de Malmaison, acheté par Joséphine pendant la campagne d'Égypte. Le ménage consulaire y vit durant les fins de semaine du Consulat, en châtelains bourgeois recevant leurs amis.

« Quand il était de bonne humeur, raconte Laure Junot, une amie d'enfance de Bonaparte, et lorsque le temps était beau, et que Bonaparte avait à sa disposition quelques minutes dérobées au travail, alors il jouait aux barres avec nous. Il trichait... Il nous faisait tomber et arrivait sur nous sans crier : *barre* ! Enfin c'étaient des tricheries qui provoquaient les rires de tous. Dans ces occasions-là, Napoléon mettait habit bas et courait comme un lièvre, ou plutôt comme la gazelle apprivoisée à laquelle il faisait manger tout le tabac de sa tabatière, en lui disant de courir sur nous, et la maudite bête nous déchirait nos robes et bien souvent nos jambes. »

Bonaparte venait travailler au délicieux château de Malmaison tous les décadis. *Oui, c'est ainsi que, dans le calendrier républicain, on appelait les premier, dixième et vingtième jours de chaque mois. Ces* décadis *étaient les week-ends du Consulat.*

La guerre va reprendre

Le traité d'Amiens l'avait décidé : l'Angleterre devait quitter l'île de Malte en Méditerranée au mois de septembre 1802. Vous savez, cette île qui est placée au bas de la botte italienne en face de l'Afrique. Or, cinq mois plus tard, le gouvernement britannique n'a même pas encore commencé ses préparatifs de départ. Londres avait une excuse. Laquelle ? L'Angleterre reprochait à la France de s'être emparée du Piémont italien au mois de septembre 1802 — et aussi de n'avoir pas encore évacué la Hollande. Elle aurait dû le faire, toujours selon ce fameux traité d'Amiens, qui mettait fin à la guerre. Voilà, n'est-il pas vrai, de bonnes raisons permettant aux Anglais de ne pas tenir eux non plus leur parole et de garder l'île de Malte ? Bref, entre les deux pays la tension monte. Aussi, le 18 février 1803, Bonaparte convoque-t-il lord Whitworth, ambassadeur

d'Angleterre à Paris et, durant près de deux heures, en présence des autres diplomates, il lui fait une scène violente :
— Vous voulez la guerre ! Nous nous sommes battus pendant quatre ans. C'en est déjà trop. Mais vous voulez la guerre quinze années encore et vous m'y forcez !
La rupture est définitive : « C'est avec regret et avec horreur, déclare Napoléon, que je fais la guerre... » Durant trois jours, il dicte ses ordres à trois ou quatre secrétaires à la fois. A la fin du quatrième jour, il se sent trop nerveux et se plonge dans un bain bouillant. Il y reste pendant six heures — mais oui ! — tout en dictant des dépêches destinées à l'armée et à la marine, qui doivent se préparer à envahir l'Angleterre.
Il ne reste plus au consul qu'à partir pour inspecter les côtes de la Manche où se rassemblent l'armée et la flotte. La nuit est tombée lorsqu'il atteint Boulogne. « J'ai vu des collines d'Ambleteuse les côtes d'Angleterre, écrit, le lendemain matin, Bonaparte à sa femme. On distinguait les maisons et les mouvements des habitants. La Manche est un fossé qui sera franchi lorsqu'on aura l'audace de le tenter. »

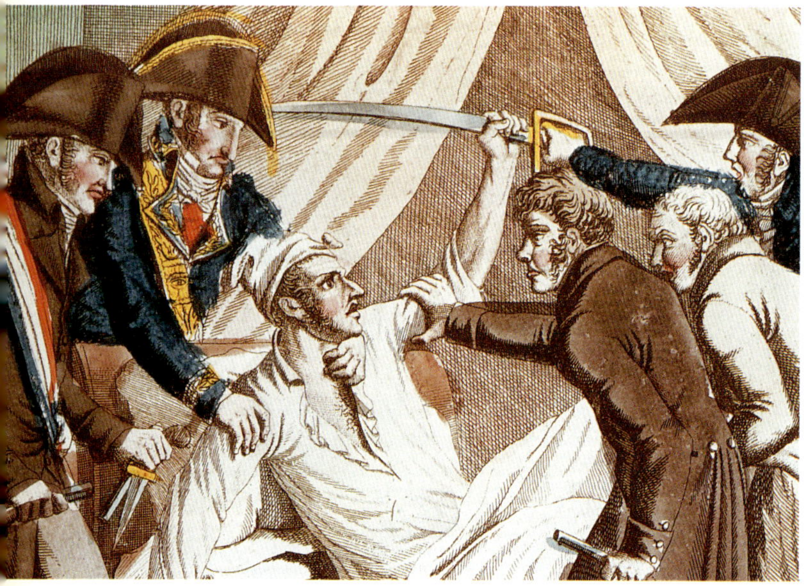

L'arrestation de Cadoudal, chef chouan

Un événement poussera maintenant Napoléon à se proclamer empereur. Le chef chouan Cadoudal, qui avait continué la lutte contre Bonaparte et multiplié les complots, est arrêté après une longue poursuite à travers Paris. On lui demande ce qu'il venait y faire.
— Je devais attaquer le Premier consul, avoue-t-il, lorsqu'il y aurait un prince à Paris et qu'il n'y est point encore...
Un prince français ?... Une terrible affaire commençait ! Sur la foi d'un rapport de gendarmerie, Bonaparte est persuadé que ce « prince français » ne pouvait être qu'un membre de la famille des Bourbons ; le duc d'Enghien, petit-fils du prince de Condé, chef des émigrés, qui vivait non loin de la frontière française, sur la rive droite du Rhin. N'avait-il pas combattu contre la République française les armes à la main ? Alors qu'en réalité, ce « prince français », attendu par Cadoudal, était le prince de Polignac, qui n'était nullement un prince de Bourbon. Mais, fort en colère, le Premier consul s'écrie :
— Les Bourbons croient qu'on peut verser mon sang comme celui des plus vils animaux ! Mon sang cependant vaut bien le leur ! Je vais leur rendre la terreur qu'ils veulent m'inspirer.
Le malheureux duc d'Enghien sera donc enlevé en territoire étranger, emmené à Paris, jugé et fusillé, bien que parfaitement innocent de la conspiration de Cadoudal.
Les anciens députés de la Convention, qui avaient envoyé Louis XVI à l'échafaud, sont rassurés. Bonaparte a désormais versé le même sang qu'eux, c'est-à-dire le sang de la famille des rois de France. Assurément, il ne cédera pas sa place à Louis XVIII, ce frère du

Cadoudal, le chef de la conspiration, est également arrêté alors qu'il s'enfuyait en cabriolet à travers les rues de Paris. Vous le remarquez, à droite : il vient de tuer l'un des policiers qui le poursuivaient.

Sur les murs de Paris vous auriez pu lire cette affiche : « Cinquante brigands, restes impurs de la guerre civile, ayant à leur tête Georges Cadoudal et le général Pichegru, ont pénétré dans la capitale. » Il s'agissait de tuer le Premier consul. Mais Pichegru est pris. Vous le voyez ici arrêté par les policiers, alors qu'il se trouvait encore dans son lit.

Ci-dessous : le 18 mai, une délégation du Sénat annonce à Bonaparte qu'il est désormais l'empereur Napoléon.

dernier roi, qui, je vous le rappelle, vivait en exil. L'Assemblée — le Sénat — peut offrir la couronne d'empereur au Premier consul : il la gardera pour lui. Aussi, le 27 mars, une semaine après l'exécution du duc d'Enghien — vous le constatez, on ne perdait point de temps !... —, le Sénat demande au Premier consul « d'achever son ouvrage en le rendant immortel comme sa gloire ». Oui, ce sont les propres termes employés par les sénateurs.
Quelques jours plus tard, la République française s'achève pour laisser la place à l'Empire français.

L'EMPEREUR DES FRANÇAIS

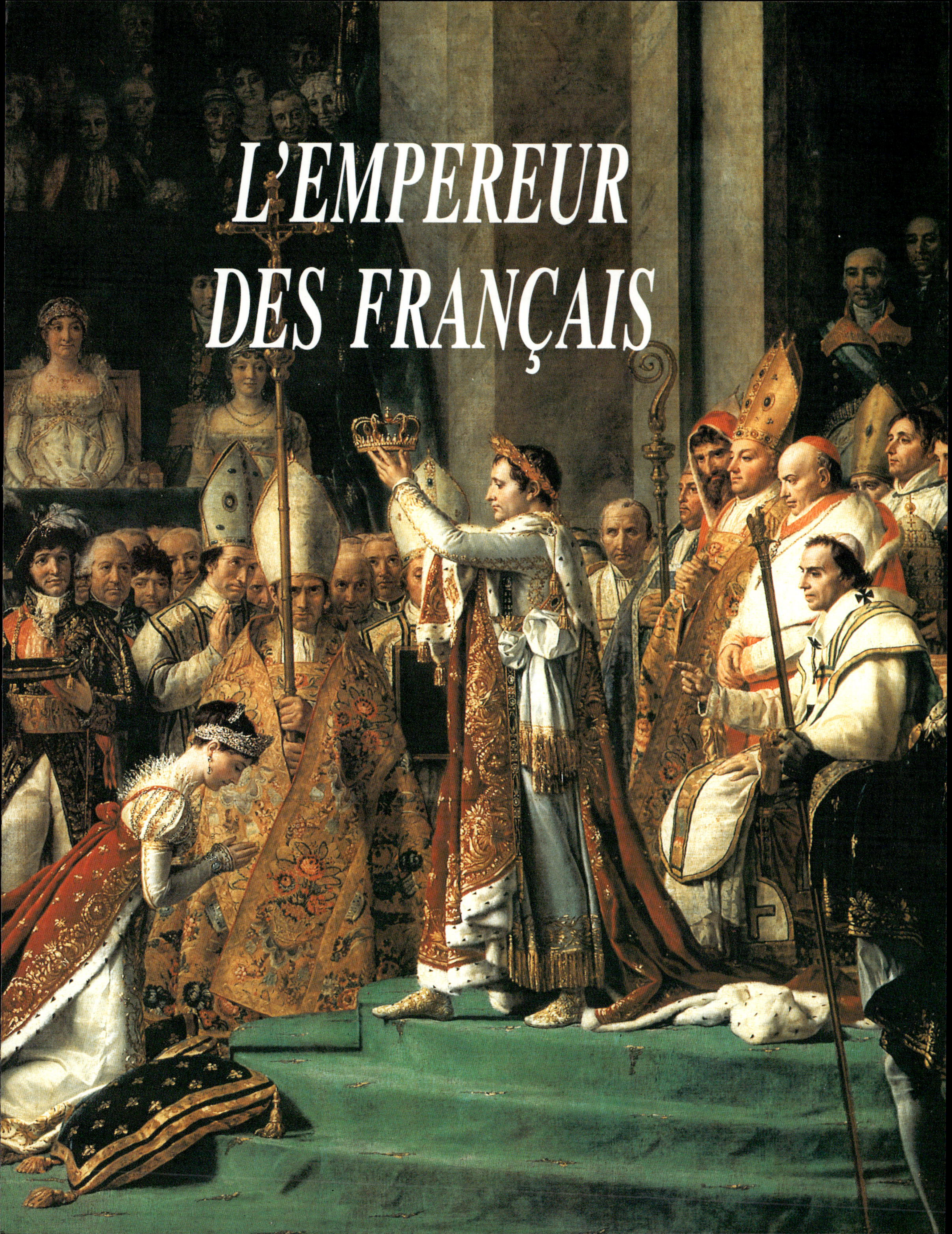

L'EMPEREUR DES FRANÇAIS

Sur la double page précédente, *vous pouvez voir cet admirable tableau de David, nous montrant, le 2 décembre 1804, le couronnement et le sacre de l'Empereur à Notre-Dame de Paris. Revêtu de son éblouissant costume, tournant le dos au pape et à l'autel, face à l'assistance, Napoléon est attendri et glorieux. Il vient de se couronner* lui-même *et regarde Joséphine qui, émue, s'est avancée vers lui, la traîne de son somptueux manteau d'hermine soutenue par sa fille, la future reine Hortense, et sa belle-sœur Julie, dont le mari, Joseph Bonaparte, sera un jour roi d'Espagne. Les larmes de l'Impératrice roulent sur ses mains jointes et l'Empereur accomplit maintenant son premier geste de souverain. Il a pris avec une lenteur gracieuse la couronne de sa femme, l'a placée un instant sur sa tête comme s'il voulait en quelque sorte* l'impérialiser, *puis va la déposer sur le front de sa chère créole de la Martinique.*
Et le soir du couronnement, Napoléon demanda à sa femme de garder sa couronne pour dîner en tête à tête avec lui.

Le 18 mai 1804, c'est le grand jour ! Dès l'aube, les tirs de canon se succèdent. Précédés d'un régiment de cuirassiers, les sénateurs arrivent au château de Saint-Cloud. Napoléon, revêtu d'un uniforme de colonel de la Garde, les attend dans le Grand Salon. Entouré par les conseillers d'État, les ministres et les généraux, il est calme et semble parfaitement maître de lui. Pourtant, pour la première fois, l'ancien cadet Buonaparte, celui qui faisait toujours « manquer l'exercice » à l'École militaire, sera appelé *sire* et *Votre Majesté.* Le moment solennel est arrivé. Cambacérès, le second consul, s'avance et, après avoir « harangué » le nouveau souverain, achève son discours par ces mots :

— Pour la gloire comme pour le bonheur de la République, le Sénat proclame à l'instant même Napoléon empereur des Français.

— J'accepte, répond l'Empereur, j'accepte le titre que vous croyez utile de me donner pour la gloire de la Nation.

Pour que ce titre ait plus de valeur, il faut un couronnement religieux qui ferait de Napoléon Ier un empereur « par la grâce de Dieu ». Et si le pape acceptait de se rendre à Paris, la nouvelle dynastie se trouverait définitivement affermie. Sa Sainteté, non sans se faire prier, accepte de couronner l'ancien cadet Buonaparte. La cérémonie a lieu à Notre-Dame de Paris le 2 décembre 1804, au milieu d'une pompe extraordinaire, comme vous le montre le tableau peint par David.
Quelle prestigieuse journée !

« Vous serez plus que reine », avait prédit jadis à Joséphine une devineresse de la Martinique... Et la prédiction vient de s'accomplir. Vous la voyez ici revêtue de son manteau du sacre, long de vingt-deux mètres soixante, orné de superbes broderies et doublé d'hermine de Russie.

Au Champ-de-Mars, distribution des Aigles aux régiments de l'armée. L'Empereur, pour cette occasion, a revêtu encore une fois son somptueux costume du sacre.

Comment vivait-il?

Le matin, Napoléon travaille le dos à la cheminée. Son bureau est d'acajou et de cuivre doré — ce meuble a été dessiné par lui et a la forme d'un violon. Ne l'imitez pas : en effet, quand il travaille, il lacère les bras de son fauteuil de coups de canif et essuie sa plume aux manches de son habit!
Le secrétaire intime se tient à une petite table placée dans l'embrasure d'une fenêtre. Son supplice commence. Napoléon dicte d'abord assis, puis, au fur et à mesure que les idées et les pensées se précipitent, il se lève, se livre à un va-et-vient à travers la pièce et dicte avec une telle rapidité qu'il faudra bientôt deux secrétaires ou même trois prenant le relais de phrase en phrase.
Le dîner est servi à six heures. Napoléon n'aime pas interrompre son travail et fait souvent attendre Joséphine durant plusieurs heures. Un jour, vingt-trois poulets seront mis successivement à la broche afin qu'il y ait toujours une volaille cuite à point pour l'Empereur.

Trois rois envoyés à la cuisine...

Les jours de chasse, à Compiègne ou à Fontainebleau, les grands dignitaires dînent avec l'Empereur. Plus tard, alors que Napoléon aura distribué les trônes de l'Europe à sa famille, on entendra un jour l'Empereur demander à son frère Louis :
— Roi de Hollande, informez-vous donc pourquoi on ne nous sert pas.
Louis court vers les cuisines et revient essoufflé en annonçant que tout serait bientôt prêt.
Quelques minutes plus tard, l'Empereur se tourne vers son beau-frère Murat et lui ordonne :
— Roi de Naples, allez dire que nous attendons le déjeuner et qu'on se hâte!

Fontainebleau : c'est dans la cour du Fer-à-Cheval du château que le pape Pie VII fit son entrée dans la voiture de Napoléon entourée de mamelouks — une escorte quelque peu étrange pour Sa Sainteté.

Murat se précipite à son tour et revient près de l'Empereur en lui assurant que l'on allait enfin pouvoir se mettre à table. Mais le repas tarde toujours à être servi et Napoléon, de plus en plus impatient, s'adresse alors à son frère Joseph :

— Roi d'Espagne, commandez que l'on apporte ce qu'il y a de prêt — et tout de suite !

Le troisième roi, plus heureux que les deux autres, revient avec le repas. « C'est tout de même un homme extraordinaire, remarquera l'ambassadeur d'Autriche, M. de Metternich, qui assistait à la scène, celui qui peut s'offrir l'orgueilleux plaisir d'envoyer successivement trois rois à la cuisine pour voir si son déjeuner est cuit à point. »

Le disgracieux et lourd trône de Napoléon — dessiné par David —, a pris la place du lit des rois de France.

C'est David qui avait dessiné le costume du sacre. Le globe, la main de justice et le sceptre figuraient déjà depuis plusieurs siècles au sacre des rois de France.

« La mère Marguerite »

L'Empereur, au lendemain de son sacre, décide de mettre lui-même sur sa tête la vieille couronne de fer italienne des rois lombards. Il part avec Joséphine pour Milan. En passant par Brienne, on le voit flâner à travers le jardin et les bâtiments de l'ancienne école. Puis il monte brusquement sur son cheval arabe, sort de Brienne par la route de Bar-sur-Aube et se jette à travers champs, au triple galop : il veut revoir les lieux qu'il avait si souvent parcourus autrefois lorsqu'il était le cadet Buonaparte. Il est bientôt hors de vue. Ses compagnons le chercheront pendant près de trois heures. Napoléon les rejoint enfin, il paraît tout heureux et son cheval est couvert de sueur et d'écume.

Le dimanche 15 juillet 1804, Napoléon s'est rendu aux Invalides où se déroule la prestation de serment des nouveaux membres de la Légion d'honneur.

On apprendra qu'il s'était arrêté devant la chaumière de la mère Marguerite, celle-là même qui vendait naguère des œufs et du lait aux enfants de l'École militaire. Napoléon l'avait interpellée :
— Bonsoir, la mère Marguerite, vous n'êtes donc pas curieuse de voir l'Empereur ?
— Si fait, mon bon monsieur, j'en serais bien curieuse ; et si bien que voilà un petit panier d'œufs frais que je vais porter à Mme de Brienne, et puis je resterai au château pour tâcher d'apercevoir l'Empereur. Ce n'est pas l'embarras ; je ne le verrai pas si bien aujourd'hui qu'autrefois quand il venait avec ses camarades boire du lait chez moi...
— Comment, la mère Marguerite, vous n'avez pas oublié Bonaparte ?
— Oublié, mon bon monsieur ? Vous croyez qu'on oublie un jeune homme comme ça, qui était sage, sérieux et même quelquefois triste, mais toujours bon pour les pauvres gens ? Je ne suis qu'une paysanne, mais j'aurais prédit que celui-là ferait son chemin.

La mère Marguerite reconnut, paraît-il, Napoleone lorsqu'il lui demanda en reprenant le ton d'autrefois :
— Allons, la mère Marguerite, du lait, des œufs frais, nous mourons de faim !
Bien entendu, après le frugal repas que lui servit la paysanne, une bourse pleine de pièces d'or de vingt francs — on les appelait des *napoléons* — tomba dans le tablier de la fermière éblouie...

Roi d'Italie

Le 26 mai 1805, le couronnement a lieu dans la cathédrale de Milan, toute tendue de gaze et de crêpe. La couronne de fer est déposée sur l'autel. L'archevêque de Milan la bénit, puis Napoléon l'enfonce hardiment sur sa tête et, selon l'usage des rois lombards, prononce ces paroles en italien : « Dieu me l'a donnée, gare à qui la touchera ! »
Quelques jours plus tard, le sénat de la république de Gênes demande, par vingt voix sur vingt-deux, sa réunion à l'Empire français. En apprenant ces nouvelles, le tsar de Russie s'exclame :
— Cet homme est insatiable ; son ambition ne connaît pas de bornes ; il est un fléau pour le monde. Il veut la guerre, il l'aura, et le plus tôt sera le mieux !
Le tsar, l'empereur d'Autriche et, bien entendu, l'Angleterre se réunissent pour attaquer l'empereur des Français, roi d'Italie. Avant de combattre sur terre, Napoléon veut d'abord envahir l'Angleterre ! Lorsque, le 3 août 1805, l'Empereur arrive à Boulogne, tout semble prêt pour traverser la Manche.
Napoléon le décide : le débarquement — sur un front d'une largeur de deux cents bâtiments — se fera sur la côte à treize kilomètres de Douvres. Mais l'escadre, commandée par l'amiral de Villeneuve, qui se trouve encore en Espagne, tarde à rejoindre Boulogne. Napoléon apprend alors que, au cœur de l'Europe, les troupes autrichiennes et russes se concentrent pour attaquer la France. « Dès ce moment, écrit l'Empereur à son ministre Talleyrand, je change mes batteries. » Il s'agit de gagner les Autrichiens de vitesse afin de les attaquer : « Ils ne s'attendent pas avec quelle rapidité je ferai pirouetter mes deux cent mille hommes. »

A sa prestigieuse tenue du sacre, Napoléon préférait le simple uniforme de colonel de grenadier de la garde à pied, qu'il portait tous les jours. Le fourreau de son épée est orné du Régent, *l'un des plus beaux diamants du monde.*

La marche sur Vienne

Alors Napoléon renonce à débarquer en Angleterre. Il quitte Boulogne et le formidable *demi-tour en avant marche !* s'ordonne avec une précision mathématique. Les troupes s'ébranlent au son des tambours et des trompettes. C'est un vacarme, un enthousiasme qu'on ne peut imaginer. Nuit et jour les hommes marchent vers le Rhin. L'Empereur a tout prévu, tout coordonné, tout réglé et, lorsque en cours de route il rencontrera quelques unités égarées, sans consulter la moindre note, il leur indiquera le lieu de leur prochaine étape.

Napoléon a retrouvé l'armée à Strasbourg et les divisions traversent le Rhin. Aussitôt après son arrivée, les soldats défilent devant l'Empereur sous une terrible pluie battante. Napoléon est tellement trempé « [que] les gouttes qui découlent de son habit, nous raconte un témoin, se réunissent sous le ventre de son cheval et y forment une petite chute d'eau ». Les cris de *Vive l'Empereur !* poussés par les troupes lui font chaud au cœur, mais il ne se laisse pas distraire : il doit préparer la future campagne!

Le général Mack, à la tête de quatre-vingt mille Autrichiens, s'est avancé en Bavière et occupe la ville d'Ulm, au bord du Danube. Le plan de l'Empereur consiste à opérer un vaste mouvement en éventail vers le sud, un demi-cercle, si vous préférez, afin de tomber sur l'ennemi. Ainsi il coupera toute possibilité aux Autrichiens de battre en retraite vers Vienne.

Le 13 octobre, le voici devant Ulm. Tandis que le siège de la ville commence, la pluie — toujours violente — force Napoléon à se réfugier au petit village de Hasslach. Ses officiers le retrouvent dans une ferme, sommeillant assis à côté d'un poêle. Un tambour, âgé de quinze ans, se sèche de l'autre côté du feu. On avait voulu renvoyer le jeune garçon, qui avait résisté en s'exclamant :

— Il y a de la place pour tout le monde; j'ai froid, je suis blessé, je suis bien là et j'y reste.

Napoléon l'avait entendu et s'était pris à rire :

— Laissez-le sur sa chaise puisqu'il y tient si fort!

On voit alors l'Empereur et le tambour dormir assis côte à côte, entourés d'un cercle de généraux et de grands dignitaires debout, attendant les ordres que le maître pourrait donner à son réveil.

Finalement, le général autrichien accepte de capituler sans conditions.

Le 20 octobre 1804, la garnison autrichienne d'Ulm, devenue prisonnière, défile devant l'Empereur. Vous voyez, au centre, le général Mack s'avancer tendant son épée à Napoléon en soupirant : « Voici le malheureux Mack! ».

A gauche, *un cavalier revêtu de son bel uniforme de hussard de l'Empereur.* A droite, *un trompette de la compagnie d'Élite sonnant la charge.*

En dessous, *le musée de la Figurine de Compiègne expose quelques-unes des pièces de sa merveilleuse collection de soldats de plomb.*

A gauche, *un mousquetaire gris*... A droite, *un mousquetaire noir*.

Artilleurs à pied et à cheval

Un trompette et un cavalier d'artillerie.

Quelques soldats et officiers du régiment des chasseurs à pied.

La Vieille Garde. A gauche *un sapeur,* au centre *un grenadier et à droite* un chasseur à pied.

Lorsque l'Empereur passe devant son armée, une rumeur qui vient de loin le précède : l'Empereur ! l'Empereur !... *Alors les échines écrasées par le sac se redressent et l'on ne sent plus les dix lieues que l'on vient de parcourir : « Avec lui, une pipe et de la gloire, n'irait-on pas jusqu'au bout du monde ? » Napoléon est couvert de boue comme eux, marche sous la pluie comme eux, se moque de la neige et du vent comme eux ! Avec quelle adresse aussi il sait leur parler : « Il nous haranguait à la manière des empereurs romains, racontera l'un d'eux, parlait de la situation de l'ennemi, d'un projet de grande bataille, et de la confiance qu'il avait en nous ! »*

Un timbalier du régiment des mamelouks (qui n'étaient pas des Turcs...)

Le régiment prussien à la solde de Napoléon. Au centre, *un officier,* à gauche *un tambour* et *un joueur de cor,* à droite *un grenadier, un voltigeur* et *un fusilier.*

AUSTERLITZ

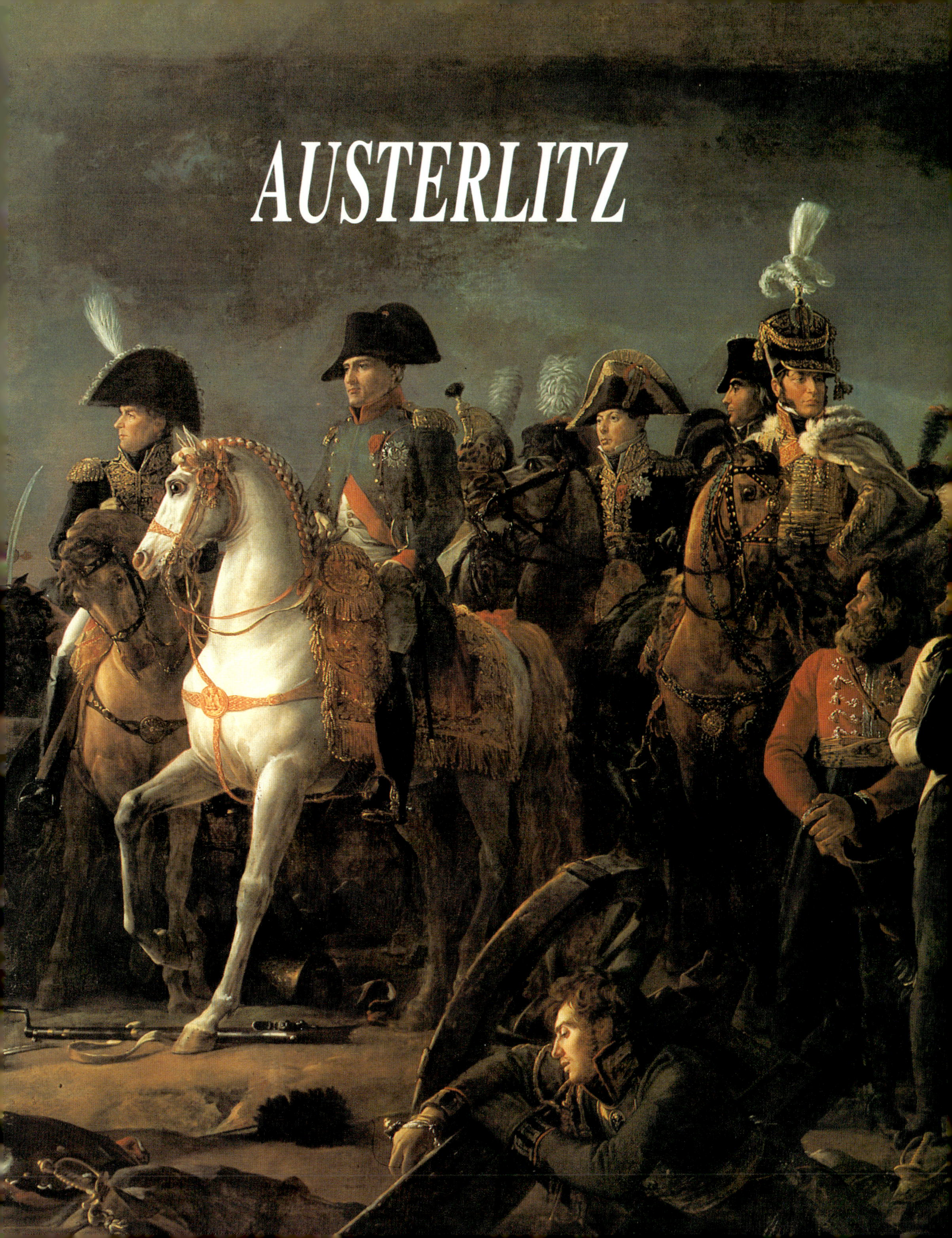

AUSTERLITZ

Le peintre François Gérard nous montre, à la page précédente, la fin de la bataille d'Austerlitz. Le général Rapp vient annoncer à Napoléon que les troupes autrichiennes et russes, en pleine déroute, sont acculées aux bords des étangs gelés et n'ont d'autre ressource que de s'y engager. Napoléon donne immédiatement l'ordre à l'artillerie de tirer à boulets sur les étangs. Des milliers d'hommes disparaissent, l'Empereur lui-même parle de vingt mille noyés. C'est faux : l'eau ne dépassait pas les poitrines, il n'y eut même pas une centaine de morts — la plupart par le froid. Les malheureux sortent de l'eau glacée, claquent des dents et sont tout heureux d'être faits prisonniers. L'armée russe est maintenant en pleine débâcle : « L'Empereur parcourt le champ de bataille et fait relever les blessés qui l'ovationnent » nous raconte le jeune porte-drapeau Putigny. La nuit tombera vite le 2 décembre et le brouillard, un brouillard glacé, qui se transforme en pluie fine, voile les êtres et les choses. L'Empereur recommande le silence « afin de pouvoir entendre les gémissements des malheureux soldats mutilés ».

Bientôt Murat et l'avant-garde de l'armée entrent dans Vienne : « Je n'ai jamais été aussi fier d'être français », s'écrie un soldat. Napoléon s'installe au magnifique château impérial de Schönbrunn. En six semaines, toute l'Autriche, du Danube à l'Italie, a été conquise ! Voici maintenant l'Empereur à Austerlitz, un gros village situé en Moravie, dans l'actuelle Tchécoslovaquie. En face de l'armée française campent les Autrichiens et les Russes. Napoléon est arrivé le premier sur le champ de bataille et a occupé le plateau qui domine le paysage : le plateau de Pratzen. Il imagine un plan, qui deviendra célèbre par sa hardiesse : tandis qu'il abandonnera le plateau, faisant croire à l'adversaire qu'il repart pour Vienne... la droite de l'armée française, dont les régiments sont volontairement réduits, devra être placée en arrière — on disait en retrait — de la ligne de bataille. Comprenez-vous ? Il dicte en somme son plan à l'adversaire et l'obligera ainsi, après avoir occupé à son tour le plateau de Pratzen, à le quitter pour descendre vers la droite française, volontairement dégarnie et faible. Dès que le plateau et ses deux mamelons seront en partie évacués, Napoléon attaquera au centre, réoccupera Pratzen et se rabattra à droite sur l'ennemi, l'attaquant en somme par-derrière. Afin de tromper davantage l'adversaire, l'Empereur, le 29 novembre, fait semblant de souhaiter un armistice. Il délègue son aide de camp, le général Savary, auprès du tsar. Il lui propose une entrevue entre les deux armées, à l'heure qui lui conviendra. Or le tsar Alexandre vient d'apprendre le retrait des Français. Assurément, ils refusent le combat et se replient vers Vienne ! Alexandre ne peut soupçonner la vérité : le repli de Napoléon ressemble tant à une retraite ! Il fait raccompagner Savary par le prince Dolgorouki, son premier et fort jeune aide de camp. L'Empereur qui se trouve alors à son quartier général monte à cheval et galope à sa ren-

Aux portes de Vienne, la longue façade jaune du château de Shönbrunn — jaune Marie-Thérèse, *disait-on — où Napoléon séjourna à plusieurs reprises. Pour dormir, il avait choisi une vaste chambre. Des fenêtres, il pouvait voir le parc qui s'achève par les arcades de la* Gloriette *se découpant sur le ciel... C'est en se dirigeant vers cette Gloriette que notre photographe a pris cette photo. Bien plus tard, lorsque le fils de Napoléon — l'Aiglon — sera prisonnier à Shönbrunn, il soupirera : « Mon père a eu la gloire, moi, je n'ai que la Gloriette... »*

Regardez, à droite, peint par Géricault, un officier des Chasseurs de la garde sur son cheval cabré. Une image qui, j'en suis certain, devrait, elle aussi, vous faire rêver...

---

contre avec tant de hâte que le peloton d'escorte — on disait le *piquet* — a bien du mal à le suivre.

Rapidement, l'Empereur entraîne le Russe sur la route et lui demande à quelles conditions le tsar accepterait de faire la paix. Le prince Dolgorouki laisse tomber de ses lèvres dédaigneuses les « conditions » de son maître : évacuer la rive gauche du Rhin et la Belgique : en somme abandonner les conquêtes de la Révolution. L'Empereur explose :

— Eh bien, nous nous battrons! Retirez-vous! Allez, monsieur, allez dire à votre maître que je n'ai pas l'habitude de me laisser insulter ainsi, retirez-vous à l'instant même!

Le soleil d'Austerlitz

La veille de la bataille – le 1er décembre 1805 –, Napoléon, après avoir visité ses avant-postes, remonte vers son bivouac. Il trébuche sur un tronc d'arbre renversé. C'est alors qu'un grenadier tord un bouchon de paille, le plante sur une branche et y met le feu pour éclairer la marche de celui qu'il considère comme son dieu. Les hommes du bivouac voisin croient qu'il s'agit là d'un signal et allument à leur tour des torches en criant : « C'est l'anniversaire du couronnement ! Vive l'Empereur ! »
Le lendemain, à huit heures, le brouillard enfin se dissipe. Le soleil se lève pur et radieux sur l'horizon. Et durant des années, l'Empereur parlera du « soleil d'Austerlitz ». Pour l'instant, il regarde les quatre-vingt-dix mille baïonnettes de l'ennemi luire sous les chauds rayons. Elles forment un gigantesque croissant dont les deux pointes continuent d'avancer vers l'armée française, tandis que le centre, qui occupait le plateau de Pratzen, ne cesse de se dégarnir.

Et les Français ?

Vingt-cinq mille grenadiers, coiffés de leur fameux bonnet d'ourson, l'arme au bras, sont descendus vers le bas du plateau de Pratzen. Le maréchal Soult piaffe d'impatience et demande ses ordres à l'Empereur.
– Attendez encore un quart d'heure, et alors il sera temps de foncer.
Un quart d'heure plus tard, deux divisions, prenant chacune comme objectif le plateau, commencent à en gravir les pentes, comme je l'ai fait moi-même à plusieurs reprises. Bientôt, les troupes françaises descendent vers l'aile gauche russe. L'étau se referme et c'est la victoire !

La bataille n'était pas encore terminée que le général Berthier pouvait écrire au ministre Talleyrand demeuré à Paris : « *Je vous annonce avec plaisir, monsieur, la plus célèbre bataille gagnée par l'empereur Napoléon : les empereurs d'Autriche, de Russie, de France, en présence, les armées russes et autrichiennes détruites. Toute leur artillerie est taillée en pièces...* »

Les Austro-Russes ont perdu 15 000 tués ou blessés et 30 000 prisonniers. Les Français : 1 300 tués et 7 000 blessés.

Un groupe de paysans moldaves, dont les opinions sont loin d'être autrichiennes, est présenté à Napoléon. Le tableau (ci-dessus) du baron Lejeune — témoin de la scène — nous permet de mieux comprendre la configuration du terrain. Nous sommes sur la route conduisant vers Olmütz et la Hongrie. A droite, le tertre de Zuran qui, telle une verrue, domine le champ de bataille et où se tiendra Napoléon pendant la première partie des combats. Il aura toujours à la main sa longue-vue — cette lunette qu'il emportera à Sainte-Hélène et qu'il léguera à son fils.
Dans l'encadré, vous pouvez voir la berline dans laquelle dormira l'Empereur plutôt que dans la misérable auberge de Gandie, dont l'intérieur est de nos jours à moitié en ruine.

A droite*, le plan de la bataille d'Austerlitz. Ces villages ont repris aujourd'hui leurs noms tchèques.*

A gauche, page 78, *l'entrevue de Napoléon et de François II, empereur d'Autriche, à Ziarochitz en Moravie, après la bataille d'Austerlitz, le 4 décembre 1805.*

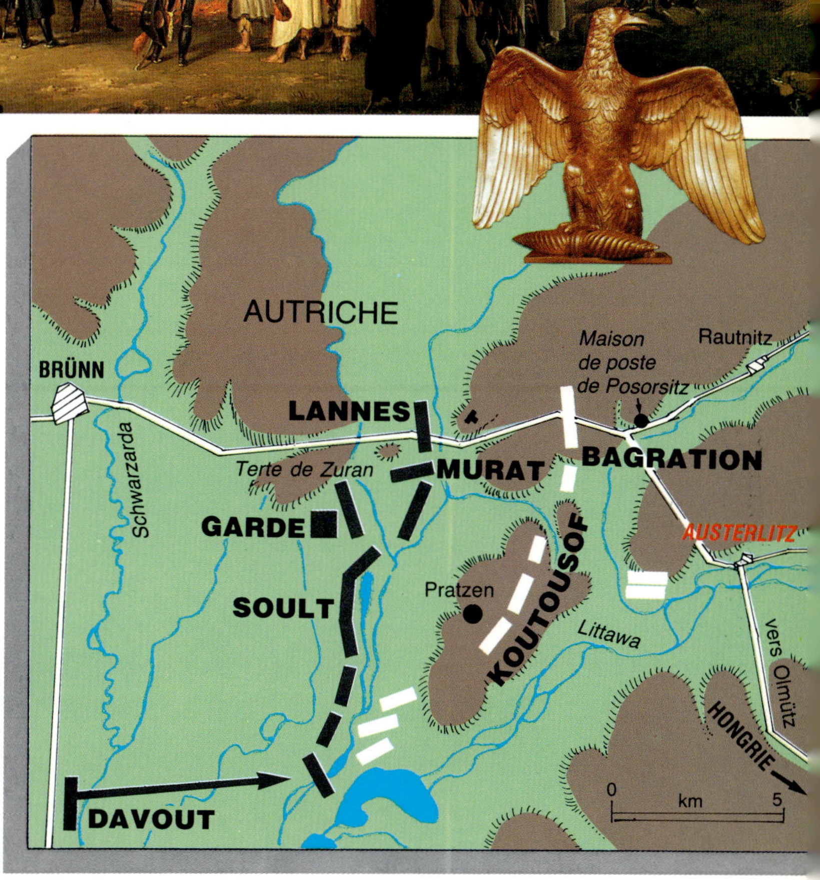

Les pleurs de la future impératrice Marie-Louise

En apprenant la nouvelle de la défaite austro-russe d'Austerlitz, la jeune archiduchesse Marie-Louise, fille de l'empereur d'Autriche, éclate en sanglots. Pour se venger, elle appelle les punaises qui infestent les logis de la famille impériale en fuite, des *napoléons.* Elle laisse son frère, François-Charles, brûler l'une de ses poupées en déclarant « qu'il rôtit le *Corsicain »,* autrement dit l'empereur des Français. Or, vous l'apprendrez un peu plus loin, cette petite archiduchesse deviendra un jour l'épouse de Napoléon...

Par la paix de Presbourg signée le 15 décembre 1805, l'Autriche perd une grande partie de ses possessions en Italie et en Allemagne. Toute l'Europe regarde avec effroi cette France qui s'étendra plus ou moins directement depuis Hambourg jusqu'à Naples, et depuis Brest jusqu'au cœur de l'Allemagne. Mais la Prusse, l'Autriche, l'Angleterre, la Russie, ne peuvent accepter longtemps cette France atteinte de boulimie. En effet, elle ne peut admettre d'avoir à sa porte la « Confédération du Rhin », seize royaumes et principautés allemandes, qui font plus ou moins partie de l'Empire français. C'est la Prusse qui va commencer la nouvelle guerre. Poussé par sa femme, la belle reine Louise, le sot et vantard roi Frédéric-Guillaume déclare qu'à coups de fouet il battra Napoléon.

Inutile de dépenser de la poudre !

Le 24 septembre 1806, on annonce à l'Empereur que les Prussiens approchent des avant-postes de l'armée française. La nuit suivante, Napoléon décide de partir pour Mayence, chef-lieu du département *français* du Mont-Tonnerre. Il doit lutter contre cette quatrième coalition formée par les ennemis de la France. Il espère bien, cette fois, que cette guerre sera la dernière. Et les victoires succéderont aux victoires ! L'Empereur pourra dire avec orgueil : « Mes armées n'ont cessé de vaincre que quand je leur ai ordonné de ne plus combattre... »

La veille de la bataille d'Iéna, le 14 octobre, Napoléon quitte son bivouac et passe devant ses soldats qui l'acclament.

Et une fois de plus, c'est la victoire ! Le même jour, le maréchal Davout bat les Prussiens à Auerstedt. Deux jours plus tard, 6 000 Prussiens capitulent devant Murat.

Ci-dessous, *des soldats de plomb font revivre le bivouac de l'Empereur. Remarquez son fauteuil pliant et sa table de campagne.*

A droite, *Napoléon dépasse ses troupes en marche.*

Le château du Grand Frédéric

Le 24 octobre, Napoléon — quelque peu ému — s'installe non loin de Berlin, à Potsdam, au château de Sans-Souci. Il visite l'appartement du Grand Frédéric II, le roi qui avait été le créateur de la grandeur de la Prusse.

Il était mort vingt années auparavant. Napoléon essaie sa lorgnette de bataille, ouvre ses livres préférés annotés de sa main et, dépouilles de guerre, s'empare de l'épée du roi. Il prend également son réveille-matin, une grosse montre en argent qu'il emportera avec lui à Sainte-Hélène, l'île où il sera prisonnier. Je vous le raconterai plus tard. « Je préfère ces trophées, s'exclame-t-il, à tous les trésors ! »

Le 27 octobre, au son des tambours et de la musique de la Garde, l'Empereur fait son entrée à Berlin par la célèbre porte de Brandebourg, que vous avez vue si souvent filmée à la télévision. Dans ses yeux passent des éclairs de joie.

Édouard Detaille nous montre la capture, par un cavalier du IVe Dragons, d'un drapeau prussien.

Lors de l'entrée des troupes françaises à Berlin, Napoléon s'avance seul. Derrière lui, les maréchaux et les maréchaux empanachés.

Après lui marche la gendarmerie d'élite de la Garde en tenue aussi belle qu'aux Tuileries. On les acclame et cet enthousiasme des Berlinois étonne les vainqueurs. Les habitants semblaient « bien aises, nous dit un grognard, qu'on ait donné une bonne raclée à leur roi ». Mais la prise de Berlin ne termine pas les hostilités.

Le général Blücher, à la tête de vingt-sept bataillons et de cinquante-deux escadrons, est venu se réfugier dans la ville de Lübeck, en dépit des protestations des habitants. Les Français viennent assiéger la vieille cité et le général prussien doit se rendre le 6 novembre. La ville, après avoir été livrée au pillage, est occupée. Elle deviendra, en 1810, le chef-lieu du département *français* des Bouches de l'Elbe. En trente-six jours de campagne, l'armée impériale capturera cent dix mille prisonniers et s'emparera de deux cent cinquante drapeaux. Ainsi que Murat l'avait fièrement écrit à son impérial beau-frère : « Sire, le combat finit, faute de combattants. »

Le « blocus continental »

C'est à Berlin qu'il décrète ce que l'on appelle « le blocus continental ». « Faire le blocus » d'un pays ou d'une ville, cela veut dire les empêcher de communiquer avec l'extérieur. Ainsi, Napoléon décide que l'Angleterre, sa grande ennemie, ne pourra plus ni livrer ni recevoir dans ses ports des marchandises. Tous les produits venant d'Angleterre ou provenant des colonies anglaises pourront être saisis. Napoléon veut contraindre toute l'Europe à fermer ses frontières aux marchandises anglaises. Ainsi, pense-t-il, l'Angleterre, ruinée, sera obligée de faire la paix. Mais, comme vous l'imaginez bien, l'Angleterre riposte. A son tour, elle déclare le blocus de tous les ports de France. Alors, c'est l'industrie et le commerce français qui vont le plus souffrir. Même le pape Pie VII se voit obligé de fermer ses ports aux Anglais. Ainsi Napoléon prend Sa Sainteté pour un chef douanier ! D'ailleurs, pour être sûr de sa docilité, Napoléon fait occuper par ses troupes les États du pape, avant de le faire un jour prisonnier à Fontainebleau.

L'un des nombreux étuis à cartes de Napoléon a été précieusement conservé.

Secrétaire, fauteuil, table de chevet, tabouret de campagne et lit de camp sont aujourd'hui exposés dans le Musée de Malmaison.

Pendant ce temps, les Russes se sont emparés de Varsovie que Murat libérera d'ailleurs le 28 novembre. Napoléon marche vers eux. Ils reculent en se battant vers Eylau. C'est là que Napoléon les rattrapera le 8 février 1807. Eylau est une petite ville située alors en Prusse orientale, aujourd'hui en Russie. Ce jour-là, il neige à flocons serrés. L'ennemi a tout d'abord la supériorité : leurs boulets pleuvent comme grêle sur les Français. Les ravages sont épouvantables. Des deux côtés, on a parlé du « cimetière d'Eylau ». Après cette difficile et meurtrière victoire, l'Empereur entre dans Eylau où, depuis la veille, on n'a pas cessé de se battre. En voyant l'horrible spectacle des morts et des blessés, des larmes coulent de ses yeux. Écoutez ce que raconte le général Billon : « Personne n'eût jamais cru possible un attendrissement pareil de la part de ce grand homme de guerre, et pourtant, je les ai vues, moi, ces larmes. »

L'Empereur, encore à cheval, et revêtu de sa pelisse, voit passer devant lui un régiment réduit à soixante hommes — officiers compris. On l'entend demander d'une voix triste :

— Colonel, est-ce là tout votre régiment ?

Ce soir-là, imaginez la scène : il mange des pommes de terre qu'il a fait cuire lui-même dans les braises du feu d'un bivouac de la Vieille Garde.

Le lendemain, dès l'aube, Napoléon parcourt le champ de bataille. Il a une barbe de deux jours — ce qui, jusqu'alors, ne lui était jamais arrivé. Sa culotte et son gilet blancs sont encore tout maculés de boue et ses gants de fine peau de daim sont noircis par la bride des chevaux qu'il a montés durant cette terrible journée du 8 février. La sanglante bataille d'Eylau a fait douze mille morts du côté des Russes et quatorze mille blessés, qui mourront faute de soins. Du côté français, on compte vingt mille tués ou blessés.

Après avoir visité le champ de bataille d'Eylau, Napoléon dicte le bulletin de victoire reconnaissant l'effroyable hécatombe. Cette franchise étonne certains. « Un père qui perd ses enfants, expliquera l'Empereur, ne goûte aucun charme de la victoire. Quand le cœur parle, la gloire même n'a plus d'illusion. »

Friedland.

FRIEDLAND

FRIEDLAND

En arrivant devant le futur champ de bataille de Friedland, Napoléon est monté sur le plateau et s'installe dans son fauteuil placé près d'un moulin. Il commence à déjeuner d'un morceau de pain noir et rit, heureux, détendu et demande sa lunette de campagne au page de service.
Comme vous aujourd'hui, en regardant le tableau de la page précédente, Napoléon remarque la boucle que fait la rivière, il voit que la ville de Friedland se trouve au centre du dispositif ennemi. Celui-ci, formé de deux ailes, suit, en aval, le cours de l'Alle — tel est le nom de la rivière — et, par conséquent, est disposé en « échelon » un peu « refusé » — c'est-à-dire en retrait. Quel est le plan de l'Empereur? Laisser les Russes s'enferrer encore sur la rive gauche de la rivière, tout en faisant passer sur la rive droite, dans la boucle de l'Alle, le maximum de monde par les ponts que le génie va rapidement construire en amont. Tout à l'heure, selon la manœuvre classique habituelle, on brisera le centre pour battre ensuite séparément les deux ailes.

Le voici maintenant au château de Finckenstein, à 75 km de Dantzig, à 2 400 km des Tuileries. Ici, durant plus de deux mois, Napoléon gouvernera l'Empire. Sans cesse les courriers fourbus, endormis sur leur cheval, ayant cent fois changé de monture depuis Paris, arrivent au quartier général. Mais ce sont les dépêches portées par les estafettes qui atteignent le plus vite Napoléon. Le portefeuille en cuir porte gravés sur une plaque de cuivre ces mots : *Dépêches de l'Empereur.* Il a été fermé à clé à Paris et est passé de main en main, de poste en poste, d'estafette en estafette jusqu'à la maison où réside l'Empereur.

Comment gouverner loin de Paris

Si Napoléon est absent, on lui porte les dépêches, même en plein combat. Cet homme qui occupe une grande partie de l'Europe et qui doit lutter contre toutes les grandes puissances, trouve le moyen d'intervenir dans les moindres affaires. Ainsi, aujourd'hui, il dicte une note sur la nouvelle maison d'éducation des jeunes filles de la Légion d'honneur, à Écouen :
« Qu'apprendra-t-on aux demoiselles qui seront élevées à Écouen? Il faut commencer par la religion dans toute sa sévérité... Il faut ensuite apprendre aux élèves à chiffrer, à écrire, et les principes de leur langue afin qu'elles sachent l'orthographe. Il faut leur apprendre un peu de géographie et d'histoire, mais bien se garder de leur enseigner ni le latin ni aucune langue étrangère... »
Vous n'êtes pas d'accord, n'est-ce pas? Passe encore peut-être pour le latin, mais posséder une seconde langue est indispensable! Et Napoléon, lorsqu'il sera prisonnier des

Le jeudi 28 mai 1807, Napoléon reçoit l'ambassadeur de Turquie au château de Finkenstein en Pologne. Ce même jour, il apprend la prise de Dantzig (aujourd'hui Gdansk), dernière place forte prussienne.

Napoléon accueille la jolie reine de Prusse — Louise — venue implorer le vainqueur : « La reine est réellement charmante, annonce l'Empereur à Joséphine.

Anglais, devra à son tour le reconnaître... Écoutons la suite : « En général, il faut les occuper toutes pendant les trois quarts de la journée à des ouvrages manuels : elles doivent savoir faire des bas, des chemises, des broderies, enfin toute espèce d'ouvrages de femmes... Quant à la nourriture, elle ne saurait être trop simple : de la soupe, du bouilli et une petite entrée. Il ne faut rien de plus... La danse est nécessaire à la santé des élèves, mais il faut un genre de danse gaie qui ne soit pas danse d'opéra. J'accorde aussi la musique, mais la musique vocale seulement. » En somme, Napoléon n'aimait pas que les jeunes filles jouent du piano...

Lorsqu'il doit inspecter ses troupes, il monte dans sa berline tirée par six chevaux. Des compartiments ont été aménagés dans la voiture pour enfermer ses papiers et ses cartes. Napoléon dicte des lettres, des rapports et des ordres qui seront expédiés dès le prochain relais. Quand il n'écrit pas, l'Empereur lit un livre de sa bibliothèque de voyage, un livre de petit format imprimé spécialement pour lui, qui, s'il ne l'intéresse pas, est jeté par la portière... Le bureau de campagne démontable, un fauteuil, une table, accompagnent Napoléon dans une voiture qui le suit. Quelquefois, l'Empereur fait une halte en plein champ, s'assied sous un arbre et demande son déjeuner. Le Mamelouk Roustam et les valets de pied sortent de leurs étuis de cuir la vaisselle et les petites casseroles d'argent couvertes où se trouvent des plats tout préparés. Chacun mange sur ses genoux. En moins d'une demi-heure, tout doit avoir disparu.

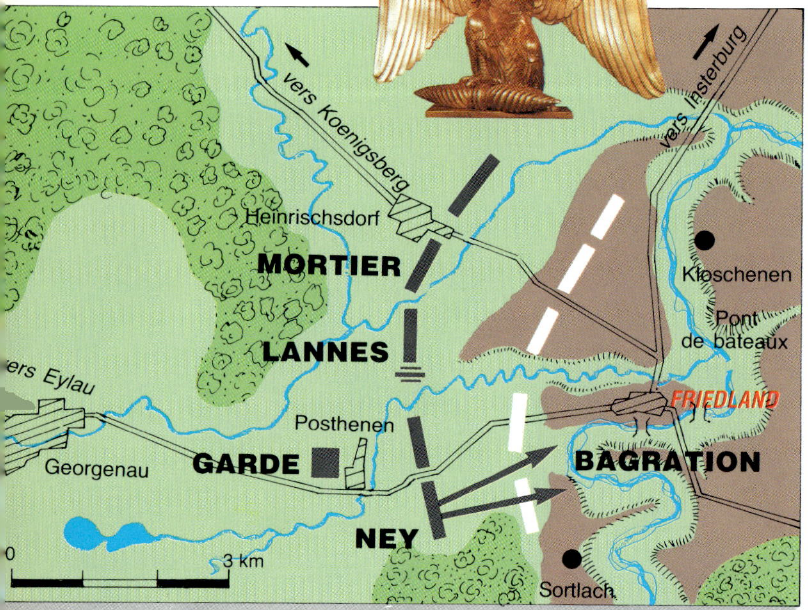

Puis l'on repart. Le cortège complet comprend cinquante-deux voitures et six cent trente chevaux et mulets !

L'armée russe en déroute

Le 14 juin 1807, les hostilités reprennent avec les Russes qui attaquent le 19 juin les troupes de Lannes et de Mortier à Friedland, tout près d'Eylau. Napoléon surgit avec sa garde. La défaite russe, cette fois, est totale. Le soir, il confie au courrier nommé Moustache cette lettre adressée à l'impératrice Joséphine : « Mon amie, je ne t'écris qu'un mot, car je suis bien fatigué. Voilà bien des jours que je bivouaque. Mes soldats ont dignement célébré l'anniversaire de la bataille de Marengo. La bataille de Friedland sera aussi célèbre et aussi glorieuse pour mon peuple. Toute l'armée russe mise en déroute, quatre-vingts pièces de canon, trente mille hommes pris ou tués, vingt-cinq généraux russes tués, blessés ou pris, la garde russe écrasée. »
Sept mille Français sont tombés, eux aussi... On essaie de n'y point trop penser. Friedland veut dire *Pays de la Paix !* Un fait éblouit l'Empereur : le 19 juin, Murat, lancé à la poursuite des vaincus, est parvenu sur le fleuve Niémen à la frontière de l'Empire russe...
Napoléon et le tsar Alexandre décident de se voir. Ils se rencontrent au milieu du Niémen. C'était le jeudi 25 juin 1807. L'empereur de Russie est en uniforme noir à parements rouges, culotte blanche, chapeau orné de

Napoléon apprend la nouvelle du sauve-qui-peut de l'armée russe, vous devinez avec quelle joie. Leurs ponts de bateaux sont trop étroits et entravent leur débâcle. Les Russes se jettent dans la rivière pour atteindre l'autre rive.

plumes blanches et noires. Il monte en barque pour se rendre vers le radeau fleuri où l'attend déjà Napoléon, vêtu avec sa simplicité habituelle. Les deux empereurs s'embrassent.
— Sire, déclare Alexandre, je hais les Anglais autant que vous.
— En ce cas, s'exclame Napoléon, la paix est faite !
Entre les deux souverains en train de se partager l'Europe, c'est une véritable amitié qui naît. On les rencontre le soir, se tenant tous les deux par le bras.
Lors du traité de paix, la Russie est plus que ménagée, mais la Prusse est écrasée. Elle est contrainte d'entrer dans l'alliance française et les provinces qui lui sont arrachées vont former un royaume pour Jérôme Bonaparte, le plus jeune des frères de Napoléon.
« Vous avez été reconnu roi de Westphalie, lui écrira l'Empereur, le royaume comprend tous les États dont vous trouverez ci-joint l'énumération. » Cassel sera la capitale de ce royaume de sept mille kilomètres carrés, qui n'avait aucune unité géographique.

La Russie et la Prusse s'engagent à soutenir la France contre l'Angleterre si celle-ci ne veut pas signer la paix. Or l'Angleterre est bien décidée à abattre Napoléon.

Le tsar Alexandre présente à Napoléon les Kalmouks et les Cosaques de l'armée russe, ces cruels cavaliers qui, cinq ans plus tard, feront le plus de mal aux soldats français.

Voyez Napoléon sur son trône, et ayant à ses côtés l'impératrice Joséphine. Son frère Jérôme lui présente sa femme Catherine de Wurtemberg. Elle est la fille du ventripotent roi de Wurtemberg.

L'affaire espagnole

Les Anglais sont parvenus à débarquer au Portugal, à qui Napoléon avait vainement ordonné de leur fermer ses ports. Le petit royaume devient alors une manière de colonie britannique... Aussi Napoléon ordonne-t-il, le 27 octobre 1807, au général Junot, d'envahir le Portugal. Cependant, pour atteindre la frontière portugaise, les troupes françaises doivent traverser plusieurs provinces espagnoles. Il faut donc s'entendre avec le roi d'Espagne Charles IV. Celui-ci est bien obligé de signer — ce même 27 octobre — avec l'Empereur un traité de partage du Portugal. Il devient l'allié de Napoléon. Or, Charles IV d'Espagne, un roi de la famille des Bourbons, est au plus mal avec son fils Ferdinand, le prince héritier. La querelle s'amplifie, tandis que, sous prétexte de conquérir le Portugal, les troupes françaises affluent en Espagne. Finalement, Ferdinand contraint son père à abdiquer le 19 mars 1808 pour se proclamer roi à sa place sous le nom de Ferdinand VII. Charles IV appelle Napoléon à l'aide. L'Empereur saisissant l'occasion fournie par la dispute familiale, décide alors de s'emparer de toute l'Espagne et d'y établir un prince de sa famille. Tandis que Murat occupe Madrid, Napoléon adresse ces lignes à son frère Louis, qui est actuellement roi de Hollande : « J'ai résolu de mettre un prince français sur le trône d'Espagne. Le climat de la Hollande ne vous convient pas. Je pense à vous pour le trône d'Espagne. Répondez-moi catégoriquement. Si je vous nomme roi d'Espagne, l'accepterez-vous ?... »
Louis, vexé d'être déplacé comme un sous-préfet, refuse et c'est le frère aîné de Napoléon, Joseph Bonaparte, qui reçoit l'ordre d'échanger son trône de Naples contre celui de Madrid. Chassé-croisé de rois : Murat,

Voici le frère aîné de Napoléon : Joseph Bonaparte, devenu roi d'Espagne sous le nom de Don José Primero.

beau-frère de l'Empereur — il a épousé Caroline Bonaparte —, remplace Joseph et devient à son tour roi de Naples !
Napoléon a le tort de vouloir associer sa famille à son éblouissante fortune... Ses frères ne sont nullement préparés au rôle qui leur est imposé.
— On n'est pas roi pour obéir, soupire Murat lorsqu'il reçoit les ordres de son impérial beau-frère.
A Madrid, le 2 mai, une révolte contre les Français a été violemment réprimée par Murat (un célèbre tableau de Goya illustre le « Dos de Mayo »). Charles IV a cédé tous ses droits à Napoléon et Ferdinand VII a abdiqué.
Le 7 juin 1808, Joseph, très sérieusement, se proclame « Don José Primero, par la grâce de Dieu, roi de Castille, d'Aragon, des deux Siciles, de Jérusalem et de Navarre... ». Mais, à cette date, toute l'Espagne est entrée en insurrection.
La terrible aventure est commencée et sera l'une des raisons de la défaite finale de Napoléon. Le 22 juillet 1808, le général Dupont

capitule avec dix-sept mille hommes à Baylen en Andalousie. Ce désastre a un immense retentissement en Europe. Lisez ces dépêches échangées entre Napoléon et son frère après son arrivée à Madrid. Elles vous feront comprendre bien des choses...

« Sire, lui écrit Joseph, je ne suis point épouvanté de ma position, mais elle est unique dans l'Histoire : je n'ai pas ici un seul partisan. »

« Vous avez un grand nombre de partisans en Espagne, mais qui sont intimidés, lui répond Napoléon. Ce sont tous les honnêtes gens. Vous ne devez pas trouver extraordinaire de conquérir votre royaume. Philippe d'Espagne et Henri IV de France ont été obligés de conquérir le leur. »

« Non, sire, reprend Joseph, vous êtes dans l'erreur, les honnêtes gens ne sont pas plus pour moi que les coquins. Votre gloire échouera en Espagne. Mon tombeau signalera votre impuissance... »

Joseph, roi philosophe, a-t-on dit, prévoyait alors l'avenir avec infiniment plus de clairvoyance que Napoléon !

Au mois de janvier 1809, les troupes de Napoléon s'emparent de Saragosse.

La sanglante insurrection madrilène du 2 mai — le célèbre Dos de Mayo — est vigoureusement maîtrisée par les mamelouks de Murat. Ce jour-là, les Espagnols se sont crus revenus à l'époque de leur lutte contre les Arabes.

LE MIRACLE DE WAGRAM

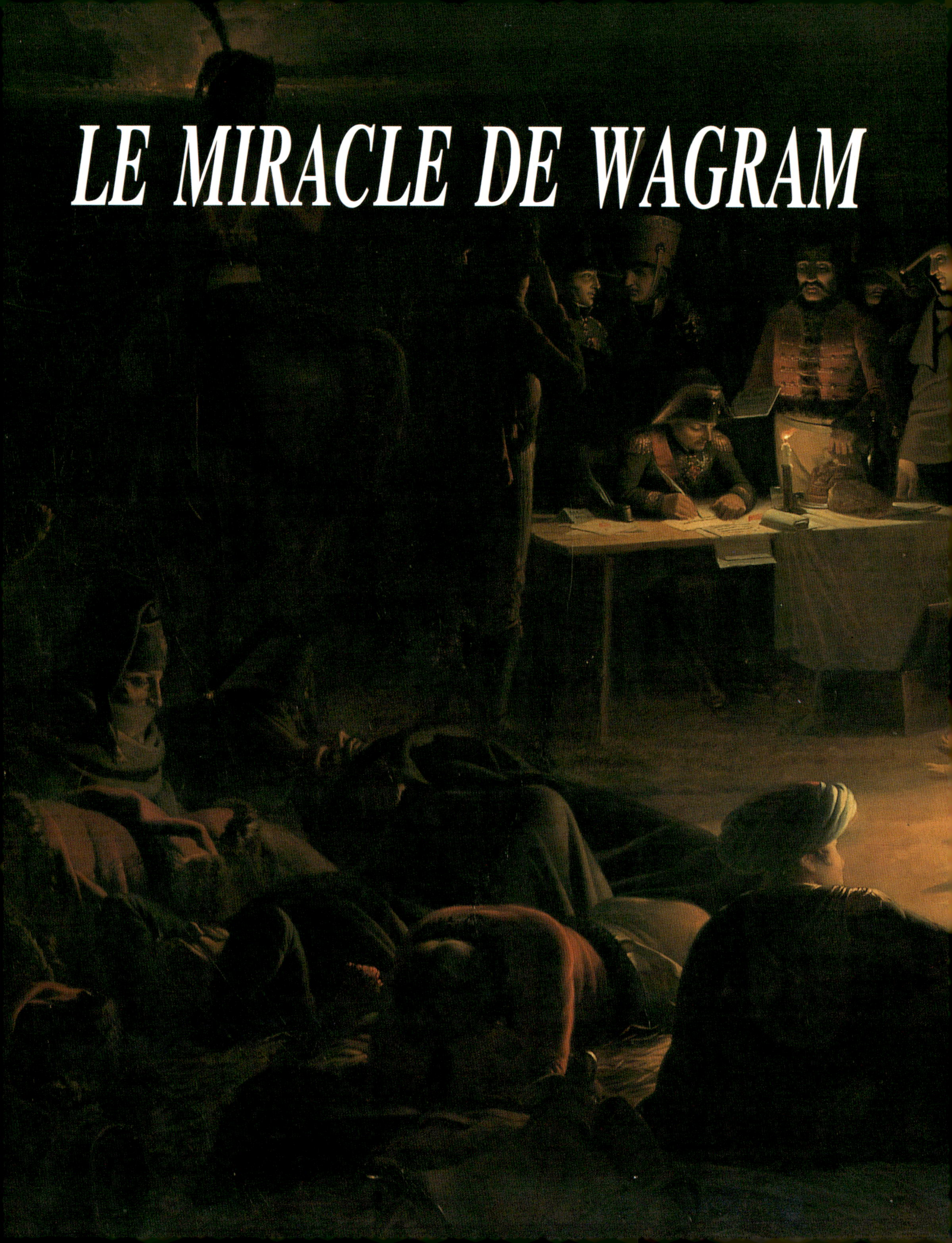

LE MIRACLE DE WAGRAM

Page précédente, avant la bataille de Wagram, le jeudi 6 juillet, à trois heures du matin, l'Empereur dort à son bivouac. Il a toujours su commander au sommeil et, avant de s'assoupir, décide de l'heure à laquelle il reprendra son travail. A quatre heures, il sera réveillé par une canonnade violente : les Autrichiens passent à l'offensive, descendent du plateau et attaquent. L'Empereur saute à cheval — un cheval gris et blanc nommé Cyrus. Rapidement, la bataille de Wagram fait rage. Sur un front d'une quinzaine de kilomètres, largeur encore jamais atteinte, onze cents pièces d'artillerie déchaînent un ouragan de fer. L'extrême gauche de l'armée française, tenue par Masséna, plie. Dix-huit mille hommes sont attaqués par soixante mille!
— Tenez bon, crie Napoléon à Masséna, la bataille est gagnée! L'Empereur masse sur un front d'une largeur de quatorze cents mètres une formidable artillerie : une centaine de pièces alignées comme à la parade. C'est la fameuse « batterie de Wagram » qui, en tonnant, entre dans l'épopée et fait pleuvoir sur les Autrichiens un déluge de feu. Le centre ennemi plie et, dans la poche qui commence à se creuser, la cavalerie fonce au son des trompettes. Derrière elle, l'infanterie de Macdonald, drapeaux au vent, précédée de ses tambours, s'engouffre à son tour. Et c'est la victoire de Wagram!

Napoléon a l'impression que les sentiments du tsar vis-à-vis de lui ont quelque peu changé. Ils sont moins chaleureux. Aussi, voulant garder toute liberté d'action en Espagne, il propose à l'empereur Alexandre une rencontre que celui-ci s'empresse d'accepter. Le lieu de l'entrevue est choisi : Erfürt, sur les bords de la Gera, non loin de Weimar, au cœur même de l'Allemagne. On y convoquera également, pour la fin du mois de septembre 1808, les rois de Bavière, de Saxe, de Wurtemberg, de Westphalie, et les princes régnants de la Confédération du Rhin. L'empereur des Français le déclare avec orgueil : « Je veux que l'empereur Alexandre soit ébloui par le spectacle de ma puissance. » On peut lire, dans les instructions adressées au maréchal Oudinot concernant les services d'honneur destinés aux invités : « Pour les rois, prévoyez dix hommes de la Garde, mais point d'hommes à cheval. » Les cavaliers sont, en effet, réservés à la garde des deux empereurs... Tout est prévu! Aussi un tam-

Le 28 septembre 1808, le baron Vincent, envoyé extraordinaire d'Autriche, apporte une lettre de l'empereur François à Napoléon et au tsar Alexandre. Regardez bien : au milieu, vous voyez Talleyrand, avec son visage lourd de pensées et de graves réflexions. A droite, de profil, l'empereur Alexandre. Vous reconnaîtrez également le brun Jérôme, roi de Westphalie, qui est légèrement en retrait de Napoléon. Il est l'ancêtre de l'actuelle famille impériale de France.

La bataille de la Somo-Sierra, le 30 novembre 1808. Ce ne sont pas seulement les Espagnols que Napoléon a en face de lui, mais les Anglais venus du Portugal, et qui tiennent le défilé.

bour-major de la Garde impériale ordonne-t-il à ses hommes avec le plus grand sérieux :
— Exécutez un seul roulement de tambour, *ce n'est qu'un roi!*
Les conversations traînent entre les deux empereurs. Finalement, Napoléon et Alexandre cèdent l'un et l'autre et un traité est signé : la Russie pourra s'emparer paisiblement de la Finlande et des provinces traversées par le Danube. En échange, la France est libre de conquérir l'Espagne, car les Espagnols patriotes n'ont toujours pas voulu du roi Joseph et se battent avec ardeur contre les troupes françaises. Mais celles-ci luttent sans grand enthousiasme. Dame! Mettez-vous à leur place : il ne s'agit pas ici de donner son sang pour la France, mais de sauver la couronne de l'incapable Joseph.

La route de Madrid

Aussi Napoléon décide-t-il, le 29 octobre 1808, de partir pour l'Espagne et de marcher sur Madrid. Arrivé au pied de la haute Guadarrama, il apprend que les bataillons d'avant-garde, repoussés par la neige qui les aveugle, reculent. L'Empereur ordonne alors à tous les soldats d'un même peloton de se tenir par le bras afin de ne pas être emportés par le vent. Pour donner l'exemple, l'Empereur forme l'état-major en plusieurs groupes et se place entre Lannes et Duroc. Les officiers, bras dessus, bras dessous, gravissent ainsi la montagne en dépit de la violence du vent glacial et de la neige qui leur fouette le visage. Sans oublier le verglas qui les fait trébucher à chaque pas. Ensuite ils forcent le col de Somo-Sierra qui était défendu par une importante artillerie espagnole.

Enfin Napoléon fait son entrée à Madrid le 4 décembre et Joseph est remis sur son trône. Mais cela n'empêche pas la plus grande partie de son peuple de le considérer comme le roi d'Espagne « par la grâce du diable ! ». Ce diable, vous l'avez deviné, désigne Napoléon.

Vous voyez encore des soldats de plomb qui ont participé à la campagne d'Espagne qui fut la plus affreuse des guerres.

En route pour Vienne

Finalement, l'Empereur quittera l'Espagne, laissant derrière lui les meilleurs de ses soldats : ceux qui avaient gagné les batailles d'Austerlitz, d'Iéna et de Friedland, et qui devaient tant lui manquer lors de ses futurs combats. En effet, à Vienne, le gouvernement, l'armée et le peuple veulent reprendre la guerre ! L'empereur d'Autriche a pu réunir trois cent mille hommes fort enthousiastes à la pensée d'aller combattre les Français.

Le mercredi 12 avril 1809, un courrier arrive aux Tuileries : les Autrichiens ont passé l'Inn, un affluent du Danube, et ont occupé Munich, capitale de la Bavière, alliée de Napoléon. « C'est la guerre, soupire l'Empereur. Je m'en vais à Vienne, seul avec mes petits conscrits, mon nom et mes grandes bottes. »

Le mercredi 19 avril, il atteint la ville d'Ingolstadt et regarde passer ses troupes qui l'acclament par des vivats. La nuit est tombée lorsque l'Empereur accueille à son bivouac un colonel d'état-major autrichien qui vient d'être fait prisonnier et ignore qu'il a été conduit auprès de Napoléon. Celui-ci l'invite à s'asseoir près de lui et le questionne sur la position des divers corps autrichiens. Le colonel commence à répondre, puis se reprend :

— Il ne faut pas demander à un officier d'état-major d'informer son ennemi.

— N'ayez pas peur, je sais tout déjà.

Et l'Empereur commence à énumérer rapidement et avec force détails l'emplacement de l'armée ennemie — et les noms des régiments qui le composent. Le colonel autrichien,

Devant Madrid, Thomas de Moria apporte à Napoléon la soumission de la ville. La capitulation est signée. Ne croyez pas que l'Empereur soit dupe de ce succès. Il le reconnaîtra lui-même : « La plus grande faute que j'aie faite est l'expédition d'Espagne. »

frappé de voir un officier d'avant-garde aussi bien informé, s'écrie :
— Avec qui ai-je l'honneur de... ?
Napoléon se lève et, soulevant son chapeau, répond :
— Monsieur Bonaparte !

On se bat au bord du Danube

Vainqueur de l'archiduc Charles à Eckmühl le 22 avril 1809, Napoléon occupe Vienne mais l'on se bat non loin de la ville, près des rives du Danube. Le maréchal Lannes, le vieux compagnon de Napoléon, est mortellement blessé à Essling. On a dû l'amputer. Sur son lit de souffrance, il adresse ces sévères paroles à l'Empereur :
— Ton ambition est insatiable, elle te perdra. Tu n'as autour de toi que des flatteurs. Je ne vois pas un ami qui ose te dire la vérité... Hâte-toi de finir cette guerre; c'est le vœu général.
Grâce aux troupes italiennes venues le rejoindre, Napoléon dispose maintenant de cent cinquante mille hommes et de six cents bouches à feu. En face, l'archiduc Charles, dont l'artillerie est devenue, elle aussi, considérable, a rassemblé cent soixante mille soldats devant Wagram, un faubourg de Vienne. Napoléon passe à l'attaque. Et c'est la victoire ! La nuit venue, il s'avance vers le bivouac du 2e de ligne. Il se couche sur la paille.
— Sire, lui demande le caporal Martel, Votre Majesté veut-elle goûter notre soupe ?
On lui présente une gamelle, du pain et un couvert d'argent.
— Comment ! Du pain blanc et un couvert d'argent ? Où as-tu pris cela ?
— J'ai apporté le pain du village où est l'ambulance et j'ai trouvé le couvert sur un officier autrichien mort.
Tandis que l'Empereur mange sa soupe, le caporal découpe une volaille et la lui présente : il en prend une cuisse, se lève, tire sept ou huit *napoléons* de sa poche et les donne au sous-officier qui montre les pièces à ses camarades en criant : « Vive l'Empereur ! »

Le lendemain de la bataille d'Essling, Napoléon vient voir son vieil ami, le maréchal Lannes, mortellement blessé. On a dû couper l'une des jambes du blessé, puis on l'ampute de la seconde. « Je n'ai pas besoin de te recommander ma femme et mes enfants, lui déclare le maréchal, puisque je meurs pour toi. Ta gloire t'ordonne de les protéger. » Lannes était le seul homme à tutoyer l'Empereur.

LE MIRACLE DE WAGRAM

A Wagram, sur ordre de l'Empereur, l'artillerie si importante aux yeux de Napoléon, entre en actions.

Le miracle de Wagram s'achève. Un miracle, en effet ! Il s'en est fallu de si peu que la catastrophe ne survienne ! Et Wagram sera la dernière grande victoire du règne. A quel prix ! Napoléon est victorieux mais, si les Autrichiens ont trente-sept mille hommes hors de combat, les Français ont perdu trente mille tués ou blessés dont cinq généraux. Et dites-vous que, pendant ce temps, la guerre se poursuit, très dure, en Espagne, sous le commandement du maréchal Soult.

Les longues discussions pour la paix entre Français et Autrichiens commencent. Les conditions imposées au vaincu sont terribles. L'Empire autrichien devra abandonner trois cent mille kilomètres carrés de territoire et trois millions cinq cent mille habitants ! François Ier perd ainsi toutes ses terres bordant la mer Adriatique qui deviendront les provinces *françaises* illyriennes, une partie de l'ex-Yougoslavie d'aujourd'hui.

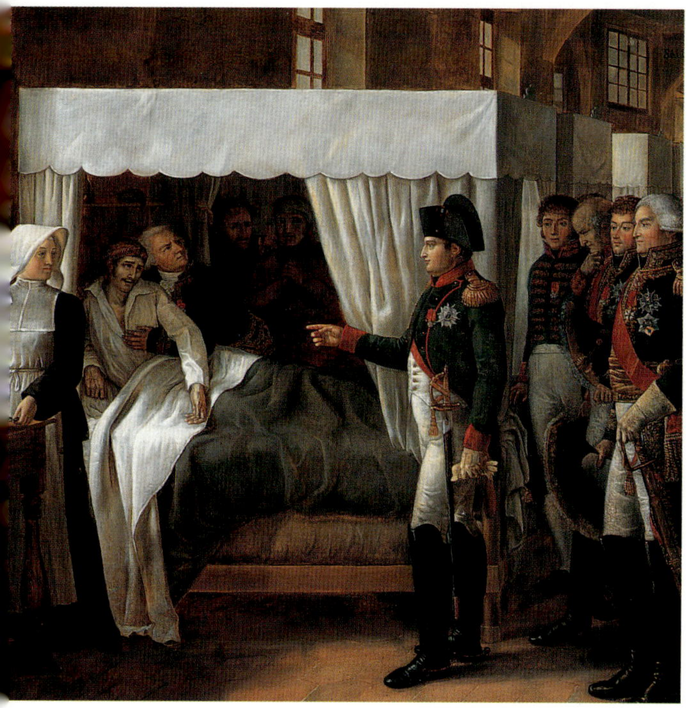

Nombreux ont été les blessés français qui ont été transportés en France, et Napoléon, à son retour, viendra les visiter à l'hôtel des Invalides. Certains recevront la Légion d'honneur.

A Wagram, le cheval blanc — le beau persan — que monte Napoléon s'appelle l'Euphrate. L'œil à sa lunette, l'Empereur voit les Saxons — ils font partie de l'armée impériale française — progresser sans difficulté. Assurément, l'affaire sera terminée avant la nuit!

Il voulait tuer Napoléon

Chaque matin, à dix heures, l'Empereur assiste à la parade qui se déroule à Schönbrunn, le palais impérial aux portes de Vienne, devant l'escalier en fer à cheval du palais. Deux obélisques surmontés d'aigles napoléoniennes en marquent l'entrée. Ils y sont toujours.

Le matin du jeudi 12 octobre, tandis qu'il passe la revue de la Garde, le général Rapp est surpris par l'attitude étrange d'un jeune Allemand, qui est parvenu à s'avancer vers Napoléon. A plusieurs reprises, on l'entend répéter qu'il désire parler à l'Empereur. Sa main droite demeure enfoncée dans la poche de sa redingote. Le général Rapp fait signe à un officier de gendarmerie, qui arrête l'inconnu et le fouille. On découvre sur lui un couteau de cuisine enveloppé de plusieurs feuilles de papier gris. Il avoue avec franchise avoir voulu assassiner l'Empereur.

— Pourquoi? lui demande Napoléon.

— Vous tuer n'est pas un crime : au contraire, c'est un devoir pour tout bon Allemand. Je voulais vous tuer parce que vous êtes l'oppresseur de l'Allemagne.

Et l'Empereur laisse fusiller son « assassin ». Cependant il ne veut pas comprendre les raisons qui ont poussé ce jeune Allemand à vouloir le tuer. Pourtant, c'est un fait : certains le considèrent comme le tyran de l'Europe. En face du dictateur français se dresse fièrement, comme en Espagne, le peuple d'un pays mis à genoux — et qui refuse d'être soumis. La tentative de l'Allemand ne sert pas à montrer à Napoléon qu'il opprime l'Europe. Il en tire simplement la leçon suivante : il est à la merci — lui et son gigantesque empire — du poignard d'un exalté. Aussi lui faut-il un fils pour lui succéder et continuer son œuvre.

A l'idée de voir un jour ses frères lui succéder et régner sur la France, il frémit de crainte. Un jour que ses frères et sœurs se trouvaient réunis, il leur déclara :

— Je ne crois pas qu'il existe au monde un homme plus malheureux que moi en famille. Au reste, récapitulons : Lucien est un ingrat, Joseph un débauché, Louis un infirme, Jérôme un polisson.

Puis, peu galant, il ajoute en traçant un cercle avec sa main :

— Quant à vous, mesdames, vous savez ce que vous êtes : zéro!

LE ROI DE ROME VIENT AU MONDE

Pour avoir un héritier, Napoléon doit se remarier. La pauvre impératrice Joséphine, qui ne lui a pas donné d'enfant, est renvoyée. Napoléon a d'abord pensé épouser la jeune sœur du tsar, mais la tsarine mère a refusé, ne voulant pas voir sa fille devenir la femme du « Diable ». Aussi, rentré à Paris, l'Empereur charge Berthier, prince de Neuchâtel, de demander à l'empereur François la main de sa fille, la blonde archiduchesse Marie-Louise. Le vaincu de Wagram ne peut évidemment pas refuser. Et l'étonnant mariage aura lieu ! Napoléon s'allie ainsi à une famille impériale et royale parmi laquelle on compte Louis XVI et Marie-Antoinette devenus, par cette alliance extraordinaire, le grand-oncle et la grand-tante du marié.

LE ROI DE ROME VIENT AU MONDE

Par le jardin des Tuileries, Napoléon et sa nouvelle épouse Marie-Louise font leur entrée dans Paris. Je vous entends déjà dire que le peintre s'est trompé en représentant l'Arc de triomphe dans son tableau. Non, l'arc était déjà commencé et achevé provisoirement en bois puis recouvert de toiles peintes ! C'est dans le carrosse du sacre attelé de huit chevaux de couleur isabelle que Napoléon et Marie-Louise se rendent au château des Tuileries.
Les Parisiens paraissent assez froids. Ils ne témoignent guère de plaisir de voir une Autrichienne prendre la place de Joséphine et semblent déconcertés par la vision de l'Empereur. En effet, il a revêtu son disgracieux costume en satin blanc brodé d'or, un manteau « espagnol » sur les épaules. Un genre de pèlerine ! Il s'est coiffé d'une toque de velours noir « à la Henri IV », garnie de huit rangs de diamants et surmontée de trois plumes blanches. Détail qui vous amusera : cette toque ridicule avait été placée et déplacée plusieurs fois. On avait essayé « bien des manières de la poser » avant que ce couvre-chef puisse prétendre à être une coiffure masculine.
La Cour fait meilleur accueil aux mariés que le peuple. Cette union n'est-elle pas un gage de paix ? Napoléon, ébloui par son inhumaine fortune, a hâte d'arriver au Louvre où sera célébré le mariage.

Cette cohorte de jeunes filles offre des fleurs à Marie-Louise à son arrivée à Compiègne. En réalité cette jolie scène a eu lieu seulement le lendemain. Napoléon afin d'être seul avec Marie-Louise, avait bousculé le cérémonial.

Vous avez pu voir à la page précédente un portrait du roi de Rome. C'est le soir du mariage que le chancelier de Metternich s'est avancé, un verre de champagne à la main, sur le balcon du salon et avait crié : « Je bois au roi de Rome ! » Cette manière de prédiction s'accomplira.

Dans le salon carré du Louvre, le cardinal Fesch célèbre le mariage de Napoléon et de Marie-Louise. On n'a pas oublié la bénédiction des treize pièces d'or, vieux symbole du rachat de la femme par le mari.

En roulant vers la France, au mois de mars 1810, des larmes tombent des yeux de la jeune archiduchesse Marie-Louise, des yeux d'un bleu clair de faïence, et glissent sur ses joues pleines et roses. Mais le charme de Napoléon — car il en possédait — agira à merveille, et la nouvelle impératrice des Français écrira à son père : « Il m'aime extrêmement. Je lui suis très reconnaissante et je réponds sincèrement à son amour. Je trouve qu'il gagne beaucoup quand on le connaît de plus près ; il a quelque chose de très prenant et de très empressé à quoi il est impossible de résister... »

L'Empire français : cent trente départements

Quant à Napoléon, l'orgueil le dévore, mais ne croyez pas qu'il s'endorme sur ses succès. Il travaille sans cesse et se penche toujours sur les détails les plus petits concernant l'immense empire et l'équipement de ses armées. Le

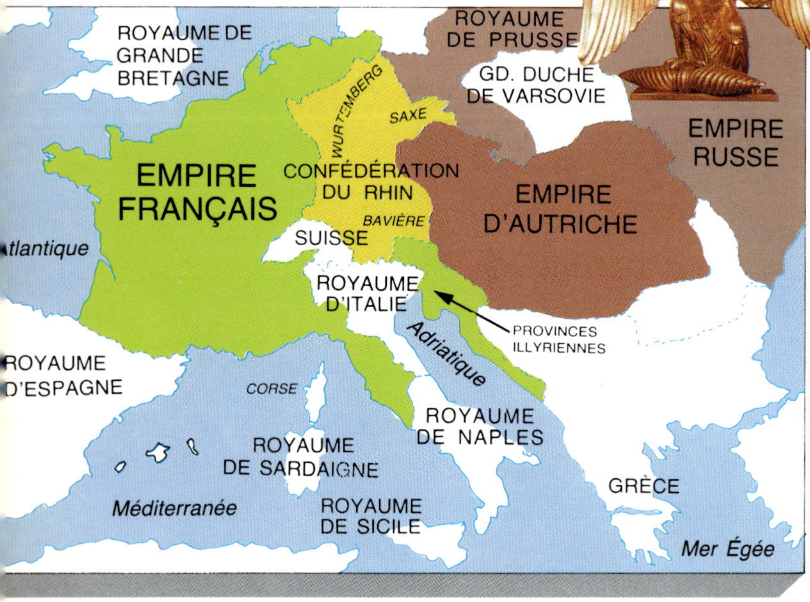

ministre de la Guerre peut être étonné en lisant, le 18 juillet 1811, cette note dictée par le maître et destinée à ses services d'administration : « Les bois des cent vingt-cinq selles que vous avez envoyées à Niort ne sont pas ferrés aux fourches de devant et de derrière. » N'est-il pas fatigué parfois par cet immense travail? « Je deviens trop lourd et trop gros, avoue-t-il. J'aime plus que personne mon lit et mon repos, mais je veux finir mon ouvrage. » Son ouvrage? Ce but qu'il poursuit depuis la rupture de la paix d'Amiens : mettre l'Angleterre à genoux. Mais le blocus de toutes les côtes qu'il a décrété en 1807 ne fonctionne pas bien. Il faudrait que Napoléon contrôlât tous les ports d'Europe!

Louis, roi de Hollande, met de la mauvaise volonté à fermer ses frontières maritimes et à établir le blocus contre l'Angleterre. Ses sujets n'ont pu se résigner à boire leur café sans sucre et à ne plus se vêtir de coton anglais. Vous le devinez, le blocus est mal appliqué par les Hollandais, et Napoléon déclare à son frère : « Je veux manger la Hollande! »

Il se contente pour l'instant d'en dévorer un morceau et d'ordonner l'occupation par ses troupes des villes de Breda et de Berg-op-Zoom. Furieux, le 1er juillet 1810, Louis abdique en faveur de son fils et disparaît on ne sait où. Bien entendu, Napoléon ne pense pas une seconde à faire couronner le jeune fils aîné de son frère. Ainsi la Hollande devient française et, le 9 juillet 1810, l'ancien royaume des Pays-Bas se trouve découpé en huit départements *français,* dont les écoliers devront apprendre les noms et les chefs-lieux. Plaignez-les! Voulez-vous connaître leurs noms? Bouches-de-l'Escaut, Bouches-du-Rhin, Bouches-de-la-Meuse, Yssel Supérieur, Bouches-de-l'Yssel, Frise, Ems-Occidental.

L'Empire démesuré se construit. Il faut quinze jours aux courriers pour le traverser!

La Hollande ne suffit pas à Napoléon : le 18 août 1810, l'Empereur annonce à son frère Jérôme, roi de Westphalie : « Je viens d'ordonner que mes troupes occupent tout le pays depuis le Holstein jusqu'à la Hollande et dans cette mesure se trouve compris le pays entre Bremen et Vulkenbourg : je vous prie d'en retirer vos troupes. » Treize jours plus tard, c'est au tour des vieilles villes du nord de l'Allemagne : Brême, Hambourg, Lübeck, de devenir chefs-lieux de département appelés *français*! La France compte cent trente départements! « Ce n'est pas mon territoire que j'ai voulu accroître, explique l'Empereur, mais bien mes moyens de défenses maritimes. » Toujours le blocus contre l'Angleterre!

Paris, capitale du monde!

Napoléon croit forger ainsi l'empire de son héritier — car l'impératrice Marie-Louise attend un enfant et cet enfant, Napoléon l'affirme, ne pourra être qu'un fils! Le nouveau-né trouvera une couronne dans son berceau de vermeil. Il ne sera pas prince mais roi — et roi de Rome, puisque le pape est privé

de toute souveraineté et prisonnier de la France. On l'appellera *Sire* et *Votre Majesté*! Il sera entouré par toute une cour titrée, galonnée et emplumée.
Le rêve européen s'est emparé de Napoléon. Aujourd'hui, alors que vous entendez la télévision et la radio parler si souvent de la création de l'Europe, reconnaissez que Napoléon était en avance quand il déclarait : « Pour appliquer les lois, il me faut un seul code européen, une cour de justice européenne, une même monnaie, les mêmes poids et mesures. Il faut que je fasse de tous les peuples de l'Europe un même peuple et de Paris la capitale du monde. »
Même un pays situé à l'autre bout de l'Europe — la Suède — et sur lequel Napoléon n'exerce aucune influence que celle de son nom, demande à l'Empereur — en cette année 1810 — un de ses lieutenants pour roi. Ce sera le maréchal Bernadotte, qui deviendra ainsi l'ancêtre des rois régnant de nos jours sur la Norvège, la Suède et le Danemark.

La naissance du petit roi

Le mercredi 20 mars 1811, un léger brouillard recouvre Paris. Le canon tonne et la capitale retient son souffle et compte : vingt et un coups de canon doivent annoncer la venue au monde d'une princesse dite de Venise, cent un coups la venue au monde du roi de Rome. Un temps un peu plus long s'écoule après le vingt et unième coup — c'était-là, paraît-il, une manière de tradition chez les artilleurs pour créer ce que nous appelons maintenant le *suspense.* Puis la vingt-deuxième salve retentit. Les chapeaux volent en l'air. Un immense enthousiasme, « une joie désordonnée », nous dit un témoin, se répand dans la ville. C'est bien ce jour-là le point culminant de l'incroyable fortune de Napoléon.

Chaque jour, Mme de Montesquiou — l'enfant l'appelait Maman Quiou — apporte le petit roi de Rome à Napoléon et à Marie-Louise. « Je l'envie, dira l'Empereur de son fils, la gloire l'attend, alors que j'ai dû courir après elle ».

Après la cérémonie, les sous-officiers de la Garde couperont leur moustache afin d'en faire un oreiller pour l'héritier impérial. Toutes les cloches de Rome, la Ville éternelle, sonnent pour célébrer la naissance de son roi. Et Napoléon écrit à Joséphine, son ex-femme : « Il a ma poitrine, ma bouche et mes yeux. J'espère qu'il remplira sa destinée. »

LE COMMENCEMENT DE LA FIN

LE COMMENCEMENT DE LA FIN

Page précédente, la bataille de la Moskova — Borodino pour les Russes — va commencer. Les officiers se sont vêtus comme s'ils se rendaient à un bal aux Tuileries. Murat caracole sur le front de la cavalerie, habillé de l'un de ces uniformes dont il a le secret : « Un grand chapeau bordé d'un large galon d'or à plumet blanc surmonté d'une aigrette blanche, très haute, entourée d'autres panaches, cheveux longs bouclés, pelisse verte de velours brodé d'or. » Tel est son éclatant accoutrement pour n'être pas aperçu... Et, brusquement, le soleil du lundi 7 septembre 1812 dissipe le brouillard. « Voilà le soleil d'Austerlitz ! » s'écrie Napoléon.
Mais, nous dit Ségur, « il se levait du côté des Russes, nous montrait à leurs coups et nous éblouissait ».
Enfin l'Empereur fait un geste : non loin de lui, une pièce de l'artillerie de la Garde tonne. C'est le signal ! L'effroyable tuerie de Borodino, le massacre de la Moskova est commencé. Jusqu'à la nuit, douze cents pièces vont semer le feu, le fer et la mort. Certains soldats se battent au son de la Marseillaise.

Le drame russe a commencé à naître dès le refus par le tsar Alexandre de donner sa sœur en mariage à l'ancien lieutenant d'artillerie. Prenant sa revanche, l'Empereur est tout heureux de montrer sa mauvaise humeur en faisant échouer l'emprunt que la Russie vient de lancer en France. Or, le rouble — la monnaie russe — est malade par suite de l'application du fameux blocus.
A l'automne de 1810, un immense convoi de douze cents navires marchands anglais naviguaient à travers la mer Baltique à la recherche d'un port. Où débarquer les marchandises dont leurs cales sont remplies ? Le Danemark, la Prusse et la Suède ne veulent — ou ne peuvent — déplaire à Napoléon. En outre, les douaniers impériaux, protégés par les baïonnettes françaises du maréchal Davout, gardent la côte depuis Dantzig jusqu'à Mémel. Aussi les douze cents bâtiments prétendus neutres se mettent-ils à errer de port en port. Le tsar va-t-il accepter de les recevoir ? « Il dépend de Votre Majesté d'avoir la paix ou de faire durer la guerre », lui écrit Napoléon.
Le tsar, on s'en doute, refuse. Napoléon en est avisé le 11 novembre et, le lendemain, toujours pour enfermer l'Angleterre dans son île, il prend une grave décision : avec l'annexion des villes du nord de l'Allemagne — on les appelait les *vieilles villes hanséatiques* —, il donne l'ordre de saisir le duché d'Oldenbourg, situé entre Brême et la mer du Nord. Le duc refuse la compensation en provinces que l'Empereur veut lui offrir et se réfugie à Saint-Pétersbourg. Or, il a non seulement épousé la sœur du tsar, Catherine, mais il a reçu son duché des mains de son cousin, l'empereur Paul Ier de Russie, père d'Alexandre ! L'affaire est grave car elle offre à la Russie un motif pour rompre avec la France et reprendre librement son commerce avec l'Angleterre. Le tsar ferme ses ports, le dernier jour de l'année 1810, aux navires apportant en Russie des produits français.

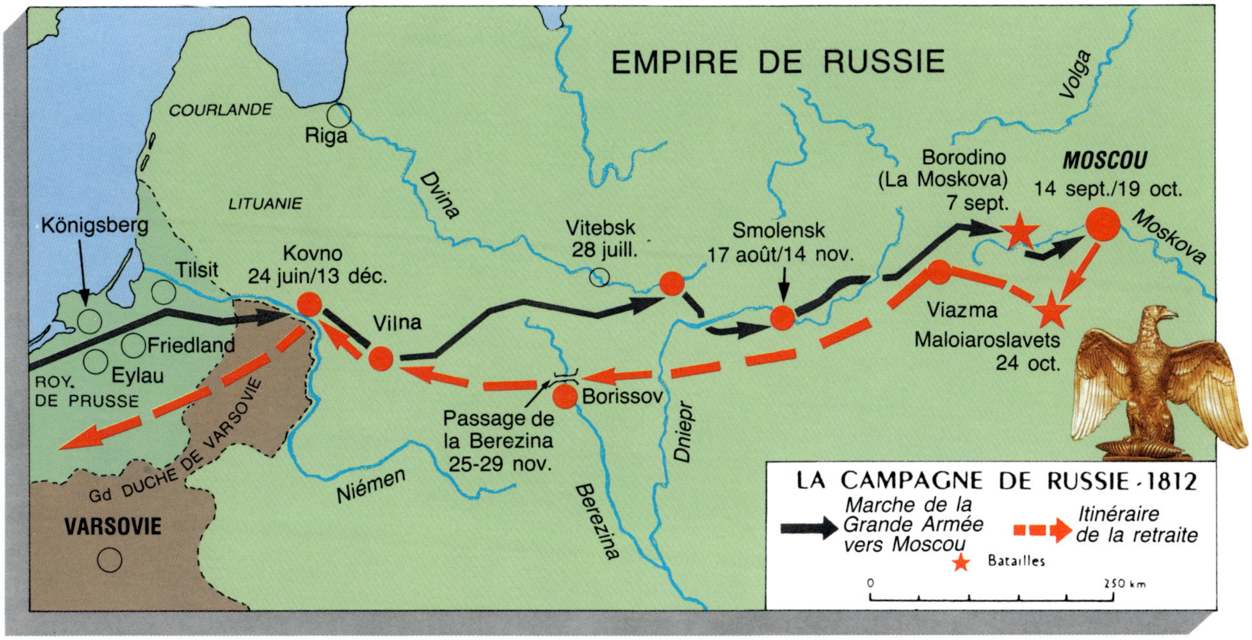

Napoléon donne le signal du départ. Quel spectacle ! Toutes les collines et les vallées sont couvertes d'hommes et de chevaux. Les 400 000 hommes commencent à s'écouler en trois colonnes vers les trois ponts.

La guerre est inévitable. Bientôt quatre cent mille hommes, formant la Grande Armée napoléonienne, européenne plutôt, s'apprêtent à franchir la frontière russe.

Napoléon déguisé en officier polonais

Le 23 juin 1812, le comte Roman Soltykx, chef d'escadron aux lanciers polonais qui bivouaquent à la frontière russe, non loin des rives du Niémen, voit arriver au grand galop une berline attelée de six chevaux. Napoléon en descend. Il est préoccupé et fatigué par son voyage. L'Empereur décide d'inspecter les rives lituaniennes du fleuve et, pour ne pas être reconnu par les éclaireurs russes signalés sur la rive droite, change d'habit et emprunte celui d'un officier polonais. Ses officiers agissent de même.
Lorsqu'ils arrivent au bord du large fleuve, un

chef de bataillon, qui l'a traversé à la nage, vient dire à l'Empereur que l'armée russe semble s'être retirée. Le soir même, vers minuit, Napoléon revient au bord du Niémen et suit le fleuve au galop, devinant, dans l'obscurité, la rive russe. Soudain son cheval fait un écart — un lièvre lui est passé entre les jambes —, l'Empereur vide les étriers, tombe et se relève aussitôt. Une voix s'exclame : « Ceci est un mauvais présage, un Romain reculerait ! »

Mais Napoléon n'est pas homme à reculer. Dès le lendemain matin, la Grande Armée franchit le fleuve. L'invasion de la Russie commence. Tout à coup, un bruit sourd se fait entendre. Le canon ? Non, c'est un effroyable orage qui s'annonce. Coups de tonnerre et éclairs se succèdent. Puis une pluie diluvienne s'abat sur les soldats. La faiblesse des armées du tsar a contraint le haut commandement russe à la retraite. Il recule en brûlant les villages et même les villes. C'est ce qu'on appelle la cruelle « tactique de la terre brûlée ».

Il pleut toujours... les approvisionnements en vivres et en fourrages marchent trop lentement. Les chariots se traînent dans la boue et sont vite distancés par une armée faisant souvent soixante kilomètres par jour ! A la fin de la première semaine, cinquante mille hommes ont quitté leurs rangs pour chercher de la nourriture et sont devenus des traînards. Les soldats demeurés autour de leurs drapeaux avancent, le ventre creux. Ils marchent tantôt sous des rafales de pluie, tantôt sous un soleil de plomb et des nuages de poussière. On a commis l'imprudence, dès le passage du Niémen, de nourrir les chevaux avec du blé vert mêlé à de la paille arrachée aux toits des chaumines appelées *isba* en Russie. Et, déjà, dix mille chevaux, atteints de dysenterie, sont morts. La faim, la soif, la pluie et une chaleur étouffante se succèdent. La Grande Armée continue à fondre. Les corps perdent le quart et parfois la moitié de leurs forces. Même la Garde, le régiment le moins éprouvé, n'a plus que vingt-huit mille hommes sur trente-sept mille — et sans avoir combattu ! En outre, le typhus fait chaque jour de terribles ravages. Et l'on verra un régiment entier de la Jeune Garde tomber d'épuisement sur la route.

Regardez cette naïve enseigne d'un marchand de tabac. Le cheval de Napoléon foule de ses sabots les drapeaux ennemis. La légende de l'Empereur toujours victorieux est en marche...

Un ennemi insaisissable

Voici enfin Vitebsk. On est le 27 juillet. Il fait nuit lorsque Napoléon s'arrête en haut d'une colline : toute une armée russe, commandée par le général Barclay de Tolly, est devant lui. Les feux de ses bivouacs trouent l'obscurité.
— Demain, on se battra ! annonce l'Empereur.
Mais le général Barclay de Tolly préfère

s'enfuir une fois de plus et se fondre dans la nuit.
Lorsque Napoléon fait le point, il s'aperçoit que, en un mois, cent cinquante mille de ses hommes ont disparu. La tactique russe — volontaire ou involontaire — est bonne. Dès lors, la Grande Armée — il a fallu en outre laisser çà et là des garnisons afin d'assurer les communications — ne compte guère plus de deux cent cinquante mille hommes sur, rappelons-le, quatre cent mille combattants au départ.
Pour les Russes, il s'agit d'une véritable guerre sainte. Les paysans brûlent leurs récoltes, leurs chaumières, et il faut envoyer des détachements de cavaliers afin de piller les villages hors la grand-route.
On finit tout de même par se battre rudement devant Smolensk, mais les généraux russes Barclay de Tolly et Bagration — ils ont réuni leurs armées — quittent Smolensk. Ils ont donné l'ordre d'incendier la ville afin de protéger leur nouvelle fuite. Il serait à présent plus raisonnable pour les Français d'arrêter leur poursuite et de passer l'hiver à Smolensk, mais Napoléon n'est pas de cet avis :
— Il me faut une immense victoire, une bataille devant Moscou, une prise de Moscou qui étonnera le monde !
Et l'avance française ainsi que le recul russe reprennent. Et c'est enfin la bataille de Borodino — la bataille de la Moskova pour les Français — à cent trente kilomètres devant Moscou.

Nous sommes devant Smolensk.
Les Russes ont arrêté leur retraite. La bataille tant attendue aura lieu : « Enfin, je les tiens ! » s'exclame l'Empereur.
La bataille se déchaîne.
Rapidement la ville n'est plus qu'une vaste flamme tourbillonnante. « C'est une éruption du Vésuve ! » constate Napoléon. Mais, une fois de plus, après une journée de durs combats, les troupes russes reprennent leur retraite.

La plus sanglante des batailles

En arrivant à son quartier général situé à trois kilomètres en arrière de Borodino, Napoléon sent qu'il a pris froid et il frissonne un peu... Mais l'Empereur trouve dans sa tente une caisse contenant le portrait du roi de Rome par le peintre Gérard, que le chambellan Bausset vient d'apporter de Paris. Et Napoléon oublie sa fièvre.
— Mon fils est le plus bel enfant de France, déclare-t-il au général Rapp, puis il se tourne vers ses officiers : messieurs, si mon fils avait quinze ans, croyez qu'il serait ici autrement qu'en peinture.
Avant de parcourir les bivouacs, comme il a l'habitude de le faire à la veille d'un combat, l'Empereur regarde une dernière fois le portrait de son fils et ordonne :
— Retirez-le : il ne faut pas qu'il voie de trop bonne heure un champ de bataille.
Le lendemain, il fait encore nuit quand les clairons et les trompettes sonnent le réveil. Les capitaines lisent à leurs troupes les proclamations datées de deux heures du matin : « Soldats, voilà la bataille que vous avez tant désirée ! Désormais la victoire dépend de vous; elle nous est nécessaire. Elle nous donnera l'abondance, de bons quartiers d'hiver et un prompt retour dans la patrie !... Que l'on dise de vous : il était à cette grande bataille sous les murs de Moscou ! »

Le martyre des chevaux est terrible. Ils sont nourris le plus souvent de paille arrachée aux toits des isbas. Affaiblis, nombreux sont ceux qui ne pourront pas charger ce jour-là. Le soir venu, les soldats survivants se nourriront en faisant griller de la viande des chevaux tombés pendant les combats.

Cent trente mille hommes écoutent dans le plus profond silence la proclamation. Puis c'est la classique distribution d'eau-de-vie. Au même instant, on lit « à ceux d'en face » les paroles que le nouveau généralissime Koutouzov adresse à ses hommes : « Soldats, faites votre devoir. Pensez au sacrifice de vos villes en flammes, de vos enfants qui implorent votre protection. Pensez à votre souverain qui voit en vous la source de sa puissance, et demain, avant le coucher du soleil, vous aurez marqué votre foi et votre fidélité au monarque et au pays par le sang de l'agresseur ! »
Et ce fut l'effroyable tuerie de Borodino, le massacre de la Moskova ! Douze cents pièces de canon vont semer le feu et la mort. Au milieu des tourbillons de fumée, sous la mitraille qui tombe dru, les hommes du maréchal Koutouzov se battent avec un courage que Napoléon ne peut s'empêcher d'admirer : « Lorsqu'un soldat russe est tué, il faut encore le pousser pour qu'il tombe ! », dira-t-il.

Enfin les canons cessent de vomir la mort. On s'est battu durant douze heures au rythme de cent quarante coups de canon à la minute. Un record ! Un lugubre silence tombe avec la nuit sur le champ de bataille où gisent soixante mille morts dont quarante-cinq mille Russes. L'immense plainte poussée par les trente-cinq mille blessés monte des collines et de la plaine. Treize mille de ces blessés russes ne survivront pas !... La Grande Armée, forte encore de cent trente mille combattants le matin de ce lundi 7 septembre, n'en compte plus désormais qu'un peu plus de cent dix mille !
Koutouzov, avec cinquante mille hommes, la moitié de ce qu'il possédait la veille, ordonne la retraite de son armée. Quatre jours plus tard, il vient prendre position aux portes de Moscou.
Que faire ? Koutouzov tranche la question en prononçant ces mots en français, une langue qu'il employait le plus souvent possible : « Napoléon est comme un torrent que nous ne pouvons pas encore arrêter. Quittons la ville. Moscou sera l'éponge qui l'absorbera. »

L'entrée dans Moscou

Les troupes françaises arrivent successivement sur la colline dominant la ville et s'arrêtent, éblouies, oubliant leur terrible marche depuis le Niémen... Napoléon est entré dans bien des capitales : Le Caire, Milan, Vienne, Venise, Madrid, Berlin, Varsovie, mais il n'a jamais autant joui de son triomphe que ce jour-là. Les souffrances de l'épuisante route et l'hécatombe de la bataille de la Moskova sont oubliées.
Le 14 septembre, les tambours de la Garde se font entendre : c'est le signal de l'entrée dans Moscou. Musique en tête, les troupes descendent vers la vieille cité. Mais la ville est presque déserte. Une grande partie des trois cent mille habitants de Moscou s'est enfuie et a suivi l'armée de Koutouzov en retraite. De plus, des flammes s'élèvent. En partant, le gouverneur Rostopchine a donné l'ordre de

En pleine bataille, le maréchal Berthier restitue son épée au général russe Sokereff, qui a été fait prisonnier.
Les soldats du tsar se battent avec une férocité et un courage que Napoléon ne peut s'empêcher d'admirer. A droite, remarquez la manière de viser avec une lunette d'approche... et avec l'aide de deux camarades.

mettre le feu à Moscou. Les Français ne parviennent pas à se rendre maîtres de l'embrasement, car Rostopchine a fait enlever toutes les pompes à incendie de la ville, dont une grande partie des maisons est construite en bois.
Napoléon est atterré et demeure sans voix. Cependant, il demeurait debout encore presque un tiers de Moscou, qui fut livré au pillage.
Napoléon souhaite la paix mais le tsar ne veut pas en entendre parler : il attend l'arrivée de l'impitoyable hiver russe. « Napoléon demande la paix ? s'exclame-t-il. Mais nous n'avons pas encore fait la guerre, ironise Alexandre. Ma campagne ne fait que commencer ! »
L'approvisionnement n'est pas facile. Il faut fouiller les villages aux alentours de Moscou pour trouver des vivres. L'armée russe forme un cercle autour de la ville et se procurer du fourrage pour les chevaux devient un exploit pour la cavalerie. Il faut parfois livrer un vrai combat pour s'emparer d'une botte de paille ! Pour découvrir de la viande, on doit envoyer de nombreux détachements dans la campagne afin de s'emparer des bœufs cachés dans les bois par les paysans.
Comment se déroule la vie des occupants ? On se couvre de fourrures, mais on n'a pas d'habits ni de souliers ! Les Français regorgent de diamants, de pierreries et de tous les objets de luxe imaginables, mais n'en sont pas moins à la veille de mourir de faim. L'avenir le prouvera, l'ennemi ne laissera passer la Grande Armée, forte encore de cent mille hommes, que si elle se dirige vers l'ouest, par la route empruntée pour le voyage d'aller, et où il ne restait plus rien à piller — pas même la paille recouvrant les isbas !
Toutes les heures, Napoléon se pose la question : faut-il donc quitter Moscou ? Retourner vers la Pologne et l'Allemagne ? Oui ! c'est la décision que l'Empereur prendra, le 19 octobre, après être resté un bon mois dans la ville.

Les Russes ont évacué Moscou, mais, avant de partir, ils ouvrent les portes des prisons, libérant ainsi 1 800 prisonniers de droit commun. On a proposé l'amnistie en échange de l'accomplissement « d'un grand exploit patriotique » : incendier la ville. Et Moscou brûle ! Bientôt une mer de feu couvre la capitale, une mer dont le Kremlin, telle une île encore intacte, semble être le centre. En voyant ce spectacle, Napoléon est atterré et on l'entend murmurer : « C'est inconcevable ! Les barbares, les sauvages, brûler ainsi leur ville ! »

La terrible retraite

« C'est la Berezina! » Voilà une exclamation que vous avez souvent entendue pour parler d'une catastrophe. Le célèbre passage fut en effet dramatique et atroce; cependant, on ne peut parler de défaite totale, puisque seulement 8 000 hommes sont demeurés sur la rive. 25 000 combattants ont réussi à passer.

La neige tombe sans cesse, le froid descend souvent à moins 25 degrés. Les morts sont innombrables. Ce qui reste de l'armée harcelée par les cosaques manque d'être anéanti par les forces de Koutouzov, le mardi 17 novembre, non loin de Krasnoïe.

Mais la Vieille Garde empêche trente à quarante mille Russes de massacrer les survivants.

Les vieux grognards marchent au pas de parade et suivent Napoléon qui avance à pied, un bâton ferré à la main. Le froid est si atroce que les soldats ne peuvent même plus tenir leur fusil, qui colle à leur peau. Fort heureusement, en arrivant devant la Bérézina — une rivière large de cent à deux cents mètres —, Napoléon trouve vingt-cinq mille combattants français qui n'ont pas souffert de l'éprouvante retraite. Ce qui reste de l'armée parvient en trois jours à franchir la rivière grâce aux exploits des « pontonniers » qui, malgré les blocs de glace que charrie la Bérézina, ont réussi à construire deux ponts.

Cependant, quelques jours plus tard, Napoléon abandonne les survivants et part avec le général de Caulaincourt. Il a appris qu'à Paris, un certain général Malet, échappé d'une maison de santé où il était prisonnier, a failli s'emparer du pouvoir en montrant de faux ordres annonçant la mort de l'Empereur. Pas un seul fonctionnaire n'a pensé à crier : « Napoléon Ier est mort ! Vive Napoléon II ! » Comme le dira le préfet de police : « Ce diable de roi de Rome, on n'y pense jamais ! » Cet oubli blesse profondément Napoléon. Dans la voiture qui le ramenait de Russie, il réalise que s'il disparaissait, son vaste empire s'effondrerait.

Pendant ce temps, l'armée quitte la Russie. Il ne reste plus que vingt mille survivants sur les quatre cent mille hommes qui ont franchi le Niémen six mois auparavant. Quel désastre, n'est-ce pas ?

Le 27 février 1813, un traité d'alliance militaire est signé par le roi Frédéric-Guillaume de Prusse avec le tsar Alexandre.

Napoléon tire son épée

Grâce à une nouvelle et impopulaire mobilisation, l'Empereur parvient à reconstituer une armée forte de deux cent trente mille hommes, une armée parmi laquelle se trouvent de nombreux régiments allemands, italiens et hollandais. Autant de soldats qui passeront à l'ennemi dès la première affaire douteuse ! Napoléon ne possède que six cents canons et manque de cavaliers, car soixante mille chevaux sont morts entre Moscou et la Pologne. Ils ont pour la plupart nourri la Grande Armée ! En 1813, Napoléon ne peut opposer que quinze mille soldats montés devant trente-sept mille cavaliers alliés. De plus, bien des hommes ignorent tout de la manière de combattre à cheval.

La bataille qui inaugure la nouvelle campagne commence près de Lützen, au cœur de l'Allemagne. A plusieurs reprises, les conscrits du maréchal Ney — on les appelle les « Marie-Louise » du nom de l'impératrice —, qui combattent pour la première fois, reculent. La ligne française est percée et le maréchal prussien Blücher croit déjà tenir la victoire. Mais Napoléon arrête les fuyards, tire son épée, se met à la tête de la Jeune Garde et part à l'assaut, comme du temps de la campagne d'Italie.

Le 2 mai, c'est la victoire ! Vingt-deux mille Prussiens gisent sur le champ de bataille, mais on compte dix-huit mille morts dans les rangs de la nouvelle Grande Armée française ! On ne peut, faute de cavalerie, poursuivre l'ennemi qui se retire vers l'Elbe. Puis, à Bautzen, Napoléon remporte une autre victoire, sur les Russes cette fois.

Les alliés battent en retraite en grande hâte. En moins d'un mois, Napoléon a fait reculer Russes et Prussiens de trois cent cinquante kilomètres ! L'ennemi demande l'armistice... mais non la paix. Russes et Prussiens veulent simplement gagner du temps. L'Empereur a une longue conversation avec Metternich, chancelier de l'Empire autrichien. Les Autrichiens s'apprêtent à lui faire, eux aussi, la guerre.

— Vous voulez donc la guerre ? lui demande Napoléon. Eh bien, nous la ferons. J'ai détruit à Lützen l'armée prussienne, j'ai abattu les Russes à Bautzen ; vous voulez avoir votre tour, je vous donne rendez-vous à Vienne. J'ai replacé l'empereur François trois fois sur son trône, je lui ai promis de rester en paix avec lui toute ma vie, j'ai épousé sa fille ; je me suis dit dans le temps que je faisais une sottise, mais je l'ai faite et je m'en repens aujourd'hui.

La scène terminée, Napoléon reconduit le ministre vers la porte. Là, il s'arrête, lui posant la main sur l'épaule :

— Vraiment, vous ne me referez pas la guerre, n'est-ce pas ?

Metternich regarde l'Empereur avec hauteur — lui qui a toujours été si humble avec lui ! De ses lèvres minces, il laisse enfin tomber ces mots :

— Vous êtes perdu, sire ! Je m'en doutais en venant ici, maintenant je le sais !

Et l'Autriche déclare la guerre à Napoléon.

La bataille de Bautzen vue par l'ennemi. Regardez-les bien : ils ont l'air très sûrs d'eux-mêmes, mais Napoléon, en passant à l'attaque, va les écraser.

Un témoin de la retraite de Russie, Faber du Faure, a appelé sa lithographie symbolique l'*Expiation*. Il l'a située non loin de Smorgoni, après le passage de la Berezina et au lendemain du départ de l'Empereur pour Paris. En bas, on est en train de voler l'uniforme du malheureux qui s'est assis dans la neige et est en train de mourir.

Metternich : « C'en est fini de Bonaparte. »

Metternich avait raison. Pour Napoléon, c'est le commencement de la fin. Alors que l'armée française, battue à Vitoria, est en train d'évacuer l'Espagne, toutes les puissances d'Europe sont liguées contre l'Empereur.

En octobre 1813, les affreuses journées de la bataille de Leipzig mettront un point final à cette campagne d'Allemagne où les Français se battent à un contre trois. Cinquante-deux mille Autrichiens et Bavarois veulent à présent empêcher l'Empereur de gagner le Rhin. En arrivant devant Hanau, Napoléon n'a plus auprès de lui que quinze mille hommes. Le reste de l'armée, parmi lequel il n'y a guère que trente mille combattants, est au loin et a du mal à suivre.

Finalement, Napoléon parvient à grouper autour de lui soixante mille hommes qu'il va placer le long du Rhin et dont un tiers sera mis hors de combat par le typhus. Le reste de l'armée impériale est mort, blessé, prisonnier, assiégé. Napoléon a eu trop confiance en son étoile. Trop tard, il a donné l'ordre aux cent mille hommes enfermés dans les villes fortifiées allemandes de quitter leurs garnisons et de venir le rejoindre. Ils demeureront encerclés et résisteront héroïquement jusqu'à la fin de l'Empire. Cent mille hommes qui vont tant lui manquer pendant la campagne de France qui s'ouvrira au début de 1814!

Et ce n'est pas tout : Murat, le mari de Caroline Bonaparte, maréchal de France, devenu roi de Naples, signe un traité avec les alliés, acceptant de combattre son beau-frère et de mettre à la disposition de l'Autriche un contingent de cinquante mille soldats napolitains.

Autrichiens, Russes, Prussiens, Suédois, marchent sur la France.

La campagne de France

En France, la population est de plus en plus lasse de la guerre. Alors que les alliés pénètrent en France, Napoléon, rentré à Paris, fait savoir qu'il veut, lui aussi, la paix, mais que les Français doivent l'aider à repousser l'envahisseur : « J'appelle les Français au secours des Français. » Le dimanche 23 janvier 1814, il réunit aux Tuileries sept à huit cents officiers de la garde nationale de Paris. Napoléon entre, portant le roi de Rome dans ses bras. Un profond silence se fait. La voix de l'Empereur s'élève :

— Messieurs, une partie du territoire de la France est envahie ; je vais me placer à la tête de mon armée et, avec l'aide de Dieu et la valeur de mes troupes, j'espère repousser l'ennemi au-delà des frontières.

« J'espère repousser... » Il espère seulement ! À l'aube du 25 janvier 1814, l'Empereur, avant de monter dans sa berline, va, sur la pointe des pieds, regarder dormir son fils. Cet enfant-roi sans royaume qu'il ne devait plus jamais revoir.

Suivons ensemble cette dernière campagne de Napoléon — et admirons-le. D'abord, il bouscule et bat une division russe, laissée par Blücher à Saint-Dizier. L'Empereur apprend ensuite que le général prussien se dirige vers Brienne à la tête de trente mille hommes. Napoléon décide de combattre avec seulement les dix-huit mille soldats qu'il a avec lui. Le reste de sa petite armée le rejoindra plus tard.

Brienne ! Les souvenirs lui remontent à l'esprit en foulant cette terre qu'il a si souvent parcourue lorsqu'il était un jeune cadet de l'École militaire !

Ce célèbre tableau de Meissonier nous montre Napoléon s'avançant à la tête de son état-major pendant la campagne de France. Il marche vers l'ennemi et est parvenu à rassembler 33 000 hommes ; il marche sur Brienne... Le champ de bataille est là, sous ses yeux : « Qui m'aurrait dit autrefois, lorsque j'étais écolier à Brienne, que je devrais me battre ici contre les Russes et les Prussiens ! »

Près de Mézières, le curé du village s'avance vers lui. C'est le père Henriot, ancien professeur de l'École militaire.
— Mon Père, s'écrie Napoléon, vous allez me servir de guide !
Et le prêtre enfourche le cheval du Mamelouk Roustam.
Bientôt l'Empereur se rend compte qu'il lui sera impossible de vaincre la coalition. Aussi écrit-il à son frère Joseph ces lignes que vous lirez en étant certainement ému. Napoléon craint de ne pas pouvoir défendre Paris. En ce cas, l'impératrice Marie-Louise et le petit roi tomberaient entre les mains de l'ennemi qui les emmènerait en Autriche : « Je préférerais, écrit-il, qu'on égorgeât mon fils plutôt que de le voir jamais élevé à Vienne comme un prince autrichien... Je n'ai jamais vu représenter *Andromaque,* de Jean Racine, que je n'aie plaint le sort d'Astyanax survivant à sa maison, et que je n'aie regardé comme un bonheur pour lui de ne pas survivre à son père. »

Montmirail, Champaubert, Château-Thierry

Napoléon continue à se battre avec héroïsme. A tour de rôle, il parvient à battre les Prussiens et les Austro-Russes. Le lundi 14 février, c'est la victoire de Montmirail. Napoléon regarde passer les huit mille prisonniers. Puis les soldats qui viennent lui apporter un étendard, ou qui se sont emparés d'un canon, reçoivent la croix. Sur les drapeaux impériaux, on pourra broder les noms de Montmirail, Champaubert, Vauchamps, Château-Thierry – et, bientôt, de Montereau.

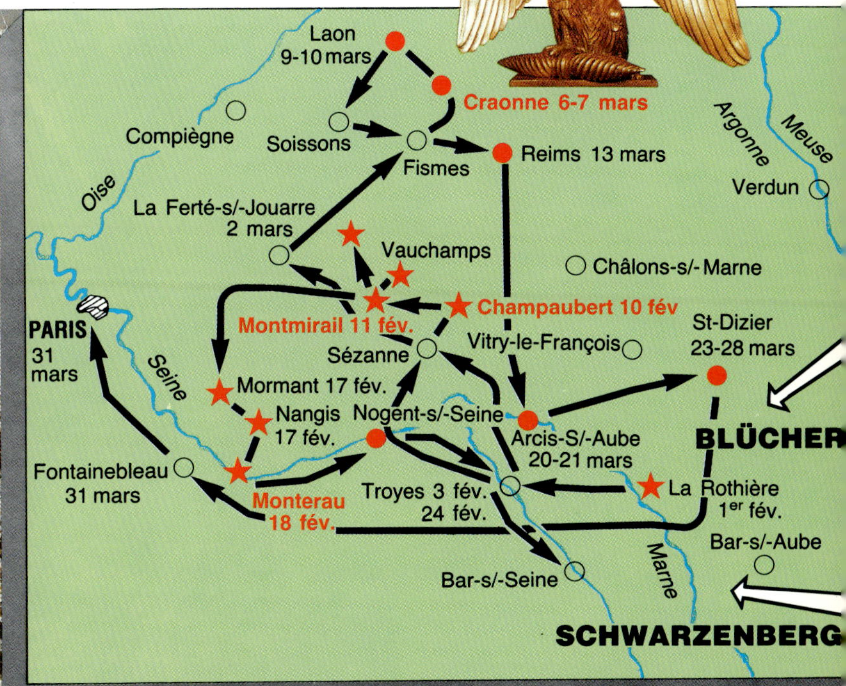

LE COMMENCEMENT DE LA FIN

Le jeudi 17 février, les Russes sont attaqués à Mormant et vaincus. Napoléon se dirige ensuite vers Montereau. Il passe près d'un vieux chasseur de la Garde qui, au milieu de la route, refait lui-même un pansement autour de sa jambe blessée. Il ne se lève pas pour saluer l'Empereur.

— Tu ne me vois pas ? lui demanda Napoléon en souriant.

— La route est à tout le monde ! grogne le chasseur.

— Que veux-tu, mauvaise tête ? reprend doucement l'Empereur. Tu as la croix, ton fusil, ta pipe, ton bidon plein de vin, du Prussien et du Russe à gogo... Tu vois ton Empereur tous les jours... Et jamais content ?

— Le bidon sonne creux comme mes tripes, réplique l'ancien ; avec les cinq sous que tu nous donnes par jour... Quand il y en a, on ne peut faire bombance.

— Crois-tu que mes affaires vont mieux que les tiennes ?

— Pour ça non ! On est dans la m... !

— Je vois ce qui te manque, conclut l'Empereur. Tu veux de la bataille, tu en auras demain, et de la bonne !

Puis il s'adresse à son officier d'ordonnance :

— Marquez ce sauvage pour dix *napoléons*, demain soir... s'il y est encore !

— Sacré tondu ! marmonne le vieux soldat entre ses dents.

C'est le surnom que la Garde a donné à l'Empereur ! Et il ajoute :

— Il va encore falloir se faire tuer pour lui !

Le soir du samedi 19, à Montereau, dans sa chambre n° 2 de l'*Hôtel du Grand Monarque,* Napoléon reçoit une lettre de l'impératrice, accompagnée du portrait du roi de Rome exécuté par Mlle Thibaud. Dès le lendemain, il commande que la gravure soit envoyée à l'empereur d'Autriche, accompagnée d'une phrase indiquant que l'enfant « priait pour son père et pour la France ». Peut-être François II sera-t-il attendri en voyant son petit-fils prier pour son père. Mais il n'y aura aucun résultat. Ce n'est pas en regardant cette gravure que l'empereur François II cessera de faire la guerre à son gendre !

Nous voyons ici Napoléon à Champaubert, à sept heures du soir. Il se trouve dans la Maison bleue où il passe quelques instants et écrit à l'Impératrice : « Ma bonne Louise, victoire ! J'ai détruit douze régiments russes, fait six mille prisonniers, pris quarante pièces de canon... »

Le dimanche 20 mars, Napoléon est à Torcy-le-Grand lorsqu'il entend une violente canonnade du côté d'Arcis-sur-Aube où les troupes de Ney se battent à un contre quatre. Il part au grand galop et tombe en pleine bataille. Le vent de la défaite souffle déjà... L'épée à la main, il arrête les fuyards sur le pont enjambant l'Ourcq en criant : « Qui de vous le passera avant moi ? » La Garde, qui arrive au pas de charge, réussit à contenir le flot. A la tombée de la nuit, les Français tiennent toujours la ville dévorée par un gigantesque incendie. L'Empereur le dira plus tard : « J'ai tout fait pour mourir à Arcis ! »

Ce soir-là, tandis que son père se précipitait au-devant des boulets, l'Aiglon, dans son petit lit des Tuileries, dort mal, pleure, et lorsqu'on lui demande de conter son cauchemar, il répond :

— J'ai rêvé à mon cher papa.

La fin de l'Empire

Napoléon écrit à l'impératrice Marie-Louise : « J'ai résolu de me porter sur la Marne afin d'éloigner l'ennemi de Paris et de me rapprocher de mes places allemandes. » Malheureusement, le courrier est enlevé par les cosaques qui combattent près des Prussiens. Blücher se fait traduire la lettre, car il ne comprend pas le français. Il connaît maintenant les intentions de l'Empereur et décide de profiter du mouvement effectué par les Français pour foncer sur Paris. Lorsque Napoléon apprendra la marche de l'ennemi, il sera trop tard. Les Prussiens de Blücher, les Autrichiens de Schwarzenberg et les Russes de Wittgenstein seront entrés dans la capitale, suivis par le tsar et le roi de Prusse !

Le 31 mars, à Fontainebleau, où l'Empereur est arrivé avec la Garde, les maréchaux vont entrer en scène. Ils ont accueilli la défaite avec une manière de soulagement. Le règne du roi de Rome leur paraît comme le seul moyen de sauver l'Empire et leur propre fortune. Napoléon leur expose ses projets :

— Il faut marcher sur la capitale sans tarder !

— L'armée ne marchera pas, affirme Ney.

— L'armée m'obéira, répond Napoléon.

— Sire, l'armée obéit à ses généraux.

Il y a un silence. Accablé, Napoléon reprend :

— Enfin, que voulez-vous donc, messieurs ?

— L'abdication !

« Il est temps pour nous de jouir du repos », ajoutera le maréchal Lefebvre.

L'Empereur cède. Il prend une feuille de papier et écrit son abdication en faveur du roi de Rome. Mais le maréchal Marmont signe avec les Autrichiens la reddition de ses troupes. Il ouvre ainsi la route de Fontainebleau à l'ennemi. Napoléon ne peut plus désormais poser des conditions et imposer son fils. Il abdique, tandis qu'à Paris, les sénateurs, pourtant nommés par lui, dédaignent l'Aiglon et appellent au trône Louis XVIII, le frère de Louis XVI. Napoléon garde son titre impérial et reçoit pour royaume l'île d'Elbe au large de la Corse. Deux millions de rente devront lui être versés par le roi de France. Il aura près de lui quelques fidèles et conservera un millier d'hommes de sa Garde.

A Fontainebleau, l'Empereur essaie de se suicider, mais la mort ne voudra pas de lui !... Autour du maître vaincu, tout s'écroule. Maréchaux, généraux, domestiques, s'empressent de fuir. Le 20 avril, c'est l'émouvante et fameuse scène des adieux à la « Vieille Garde » et du baiser à son drapeau. Une scène que vous montre l'auteur de cette peinture page suivante.

Sous la garde de commissaires alliés, Napoléon part pour l'île d'Elbe, dont il avait vu autrefois, de sa Corse natale, la silhouette se découper à l'horizon.

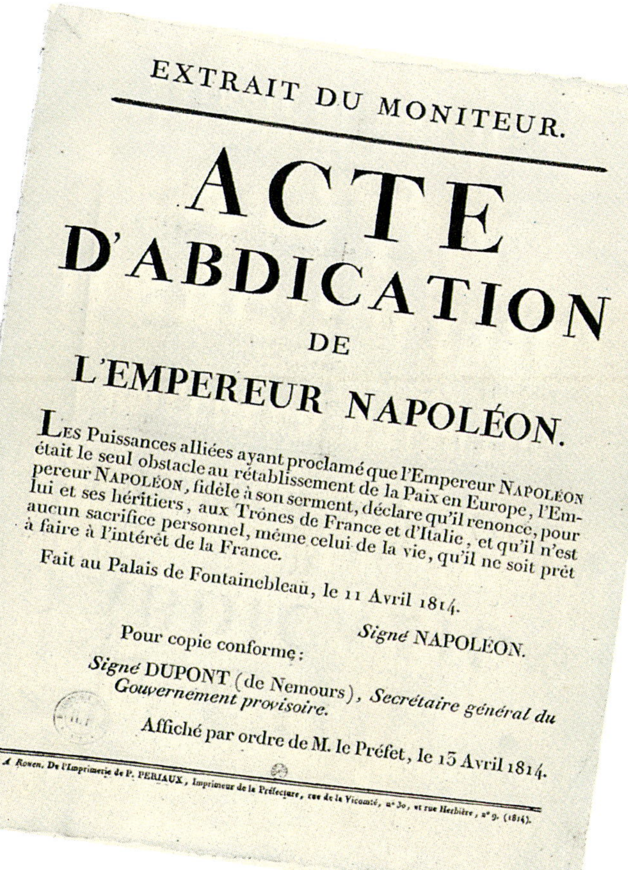

EXTRAIT DU MONITEUR.

ACTE D'ABDICATION DE L'EMPEREUR NAPOLÉON.

Les Puissances alliées ayant proclamé que l'Empereur Napoléon était le seul obstacle au rétablissement de la Paix en Europe, l'Empereur Napoléon, fidèle à son serment, déclare qu'il renonce, pour lui et ses héritiers, aux Trônes de France et d'Italie, et qu'il n'est aucun sacrifice personnel, même celui de la vie, qu'il ne soit prêt à faire à l'intérêt de la France.

Fait au Palais de Fontainebleau, le 11 Avril 1814.

Signé NAPOLÉON.

Pour copie conforme ;

Signé DUPONT (de Nemours), *Secrétaire général du Gouvernement provisoire.*

Affiché par ordre de M. le Préfet, le 13 Avril 1814.

A Rouen, De l'Imprimerie de P. PERIAUX, Imprimeur de la Préfecture, rue de la Vicomté, n° 30, et rue Herbière, n° 9. (1814).

DE L'ÎLE D'ELBE A SAINTE

–HÉLÈNE

DE L'ÎLE D'ELBE À SAINTE-HÉLÈNE

Page précédente : *Ce tableau représente les adieux de l'Empereur à sa vieille Garde dans la cour du Fer-à-Cheval de Fontainebleau. Celui qui n'était plus que « le roi de l'île d'Elbe » apparait en haut de l'escalier en fer à cheval. Le général Drouot annonçe d'une voix qui s'entend jusqu'au fond de la cour :*
« L'Empereur! »
Ce qui reste de la Garde — le premier régiment de Grenadiers à pied et les marins de la Jeune Garde — se trouve aligné en deux files. Au loin, derrière les grilles, toute la population de la ville s'est amassée. Il y a d'abord un lourd silence, puis les tambours se mettent à battre. Parvenu au pied de l'escalier s'arrête. D'une voix claire, il lance ces paroles immortelles :
— Officiers, sous-officiers et soldats de ma vieille Garde, je vous fais mes adieux. Depuis vingt ans, je vous ai constamment trouvés sur le chemin de l'honneur et de la gloire... Avec des hommes tels que vous, notre cause n'était pas perdue.
Sa voix s'étrangle.
« Je pars! Vous, mes amis, continuez à servir la France...

A l'île d'Elbe, l'Empereur s'installe dans un bâtiment — les Mulini — dominant la ville et ayant vue à la fois sur la mer et sur le petit golfe. Pénétrons ensemble dans cette maison. L'aspect extérieur en est plutôt riant avec ses murs roses et ses volets verts. Mais vous serez vite envahi par un sentiment de tristesse. Les appartements sont pavés de carreaux rouges et les murs blanchis à la colle.
Le simulacre d'étiquette qui règne aux Mulini est quelque peu ridicule : pensez que le dimanche, la cérémonie dite du lever doit se dérouler « comme aux Tuileries ». Le visiteur ne peut être admis que présenté par le grand maréchal ou l'un des chambellans. Lorsque l'Empereur quitte sa résidence, huit piqueurs sonnant du cor précèdent sa voiture, encadrée d'officiers et suivie d'une escorte!...

Rapidement, l'Empereur se dirige vers sa voiture. On entend des sanglots. L'Empereur se reprend et dit d'une voix ferme : « Adieu, encore une fois, mes vieux compagnons... »

En dépit du désir souvent exprimé par Napoléon, l'impératrice Marie-Louise et son fils ne viendront pas le rejoindre. Les Autrichiens les empêcheront de quitter Vienne. Le petit Aiglon sera transformé en une sorte d'archiduc autrichien.
Grave erreur; Louis XVIII se refuse à payer la rente annuelle de deux millions qu'il doit verser à Napoléon. Bientôt les alliés estiment l'île d'Elbe infiniment trop proche du continent. Le roi de Bavière, qui est pourtant devenu roi par le bon plaisir de Napoléon, annonce lui-même qu'il serait prudent d'expédier le vaincu au milieu de l'Atlantique! Et l'Empereur l'apprend...
Napoléon n'avait pas à craindre qu'on l'oubliât. Les émigrés royalistes, revenus de leur exil, reçoivent toutes les places. Les erreurs commises par le roi et le gouvernement royal, qui avaient succédé à l'Empire, sont nombreuses. Aussi Napoléon, le 6 février 1815, se confie à l'un de ses amis : « On me reproche de sacrifier le bonheur et la gloire de la France pour rester tranquille à l'île d'Elbe. Les maux de notre pays me déchirent l'âme, j'en ai perdu le repos. Les vœux de l'armée me rappellent. »

Le vol de l'Aigle

Avec environ onze cents hommes, Napoléon, profitant de l'absence du commissaire britannique chargé de le surveiller, quitte l'île d'Elbe pour reprendre son trône. Le 1er mars 1815, la flottille impériale pénètre dans le golfe Juan, non loin d'Antibes. Et l'Empereur s'engage sur la route de Paris.

*Napoléon à bord de l'*Inconstant*, le brick avec lequel il quitte l'île d'Elbe en cachette. On croise un autre bâtiment français, le* Zéphir*. L'Empereur ordonne aux grenadiers de se cacher.*

Il a rédigé une proclamation destinée au peuple : « Français ! dans mon exil, j'ai entendu vos plaintes et vos vœux... J'ai traversé les mers au milieu des périls de toute espèce ; j'arrive parmi vous reprendre mes droits qui sont les vôtres... » Ce texte sera ensuite dicté aux fourriers et aux grenadiers de la Garde qui savent tenir une plume.
Et l'épopée — le célèbre *Vol de l'Aigle* — commence !
Non loin du lac de Laffrey, peu avant Grenoble, sur ordre du roi, les soldats du 5e de ligne barrent la route à Napoléon. Tandis que la petite musique des Elbois joue *la Marseillaise,* l'Empereur s'avance : « Le voilà ! Feu ! », hurle un officier fidèle à Louis XVIII. Les fusils tremblent, mais aucun homme n'ose épauler. Napoléon fait encore deux pas, entrouvre sa redingote grise et crie :
— S'il est parmi vous un soldat qui veuille tuer son empereur, me voilà !
Un immense cri de *Vive l'Empereur!* lui répond. En un instant les cocardes tricolores, que les soldats ont gardées dans leur sac depuis l'année précédente, prennent la place des cocardes blanches royalistes.
Le soir même, Napoléon couche à Grenoble. Il fera ensuite son entrée à Lyon, que le comte d'Artois, frère de Louis XVIII, a évacué en toute hâte. Partout sur la route jusqu'à Paris, les troupes envoyées pour arrêter l'Empereur se joignent à lui. Et également le maréchal Ney qui avait pourtant promis au roi de lui ramener Napoléon « dans une cage de fer ! ». Un matin, un placard est même accroché à la grille de la colonne Vendôme : « Napoléon à Louis XVIII : mon bon frère, il est inutile de m'envoyer encore des soldats. J'en ai assez. »

Aux Tuileries, le roi Louis XVIII, qui a pris la place de l'Empereur, est tranquille. Il a dicté au Moniteur *un texte affirmant : « Cet acte de démence auquel quelques gardes champêtres suffiront à faire justice... »*

Douze jours après avoir quitté Grenoble, Napoléon approche de Paris. Une seule solution pour Louis XVIII : abandonner la lutte et partir pour un nouvel exil. Le lendemain, l'Empereur retrouve sa chambre des Tuileries et promet de gouverner d'une manière plus démocratique.

Les alliés — Anglais, Autrichiens, Prussiens, Suédois et Russes — n'acceptent évidemment pas le retour de l'Empereur à Paris. Chaque pays s'engage à fournir à la coalition cent cinquante mille hommes jusqu'à la défaite finale de Napoléon.

Les soldats du roi vont se précipiter sur l'Empereur. Ils l'entourent, l'acclament, s'agenouillent à ses pieds, touchent son épée et les pans de sa redingote. Quel enthousiasme !

De Fleurus à Ligny et à Waterloo

L'armée française du Nord, forte d'une centaine de milliers d'hommes, entre en Belgique. Tout d'abord, le 16 juin 1815, Napoléon est vainqueur à Fleurus. Au début de la matinée, l'Empereur envoie au maréchal Ney un billet le pressant de prendre position aux Quatre-Bras, important carrefour situé entre Bruxelles et Namur. Pendant ce temps, Napoléon prend la tête de la Vieille Garde et emporte le village de Ligny occupé par le Prussien Blücher. Celui-ci sera renversé sous son cheval et n'échappera à la capture que par

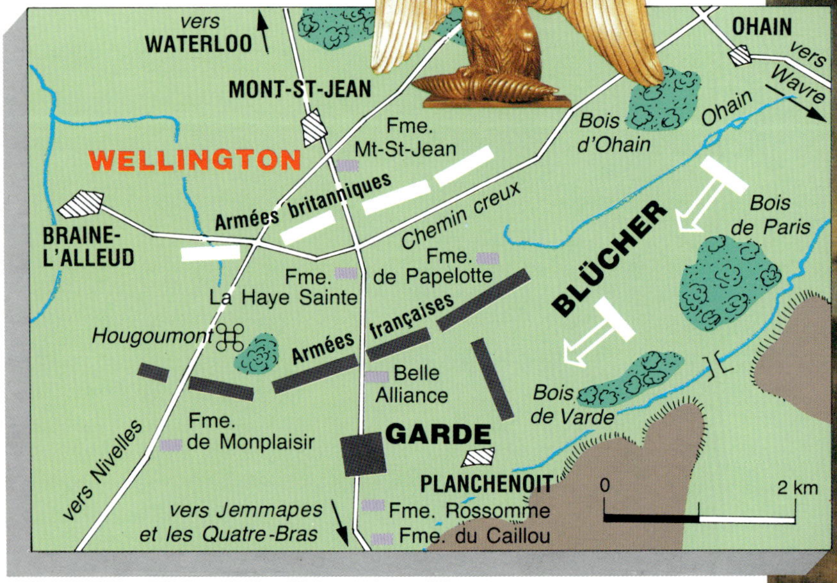

miracle. Le soir, les Prussiens se trouvent en pleine retraite. Ils ont reçu « une sacrée bonne fessée », avoue le général anglais Wellington. Pas si bonne, puisque le manque de vigueur de Ney permet à l'armée de Blücher de s'échapper pour se replier sur Bruxelles. Le 17 juin, à son réveil, Napoléon ordonne au maréchal Grouchy de se mettre à la poursuite des Prussiens en direction de Wavre, et lui donne le commandement de trente-trois mille hommes — ces trente-trois mille hommes qui manqueront à Napoléon le lendemain pour faire de Waterloo une victoire française.
L'Armée anglaise occupe le mont Saint-Jean, en avant de la forêt de Soignes, à une lieue d'un village nommé Waterloo. C'est là que Wellington a installé son quartier général. Napoléon est certain de vaincre. Son plan, me demanderez-vous ? Il enfoncera le centre anglais et, selon sa vieille tactique, se rabattra ensuite sur les deux ailes.

Le soir de la défaite de Waterloo, Napoléon aurait voulu mourir, sortir de l'Histoire l'épée à la main, tué par une balle ennemie, quelle belle fin pour sa légende ! Il cherchera la mort, mais celle-ci ne viendra pas tout de suite.

Le matin, à l'aube, il a dépêché des estafettes pour demander à Grouchy, toujours à la poursuite de Blücher, de marcher vers lui. Napoléon s'installe à la ferme du Caillou où il a établi son quartier général. Le lendemain matin, 18 juin, à onze heures et demie, la grande batterie de la Garde tonne trois fois. Les trois coups sont donnés !

Vers une heure de l'après-midi, Napoléon, de la position relativement élevée qu'il occupe, voit très au loin, sur sa droite, un nuage qui lui paraît être un corps d'armée. Ce sont les Prussiens commandés par Bülow. Aussitôt il détache dix mille hommes, qui se portent au-devant du général ennemi. Puis il envoie une nouvelle estafette au grand galop afin de presser Grouchy de le rejoindre au plus vite pour, écrit-il, « écraser Bülow » entre deux feux.

Il est déjà une heure et demie lorsque Ney reçoit l'ordre d'attaquer. Les batteries se taisent et les fantassins français s'avancent en direction de La Haie-Sainte. Une fois cette position conquise, on marchera vers le plateau du Mont-Saint-Jean, solidement occupé par les Anglais. Ceux-ci, à l'abri derrière un mur d'une ferme, tirent avec calme. Ney ordonne à deux régiments de cuirassiers de charger. Mais tous les escadrons refluent en désordre. Les dragons anglais foncent à leur tour et atteignent même l'artillerie française. Il faut que Napoléon s'en mêle lui-même pour briser l'élan ennemi.

Tout est à recommencer ! Et l'on a perdu quatre mille hommes !

Pendant ce temps, à Walhain, Grouchy, que les estafettes n'ont toujours pas atteint, n'ose prendre la décision de se diriger vers les roulements de canon que l'on entend du côté de Waterloo. N'a-t-il pas reçu la veille l'ordre de Napoléon de poursuivre Blücher jusqu'à Wavre et Bruxelles ? Alors, il obéit ! Il recevra l'ultime message de l'Empereur à cinq heures, mais il le comprendra mal... et de toute façon, il est trop tard !

« Nous sommes trahis ! »

La bataille est en train « d'échapper » à l'Empereur. A sept reprises, Ney chargera et, à sept reprises, son élan sera brisé. Il a commis l'énorme erreur de foncer avec toute sa cavalerie sans attendre que l'infanterie adverse soit ébranlée par l'artillerie.
Et la Garde impériale entre maintenant dans la fournaise.
Napoléon se met à sa tête et monte vers le plateau. Une division britannique est décimée. L'aile gauche ennemie recule. Mais à cet instant, du côté de la ferme Papelotte, les premiers Prussiens de Bülow, avant-garde de Blücher, que les dix mille Français n'ont pu contenir, débouchent sur le champ de bataille.

Alors que Napoléon espérait voir surgir Grouchy, c'est tout le gros de l'armée de Blücher qui arrive maintenant et, en épaulant les Anglais de Wellington, emportera la décision. Napoléon ordonne à une partie de ses forces de se porter dans leur direction, tandis qu'il confie d'autres régiments à Ney. Celui-ci prétend « [qu'] avec de l'infanterie, il enlèvera tout ». Mais les décharges de l'infanterie anglaise couchent dans les champs de seigle la première vague française et la seconde vague laisse des milliers de morts dans la plaine. C'est alors qu'un grand cri — un cri terrible — traverse comme une traînée de poudre le champ de bataille !
— Nous sommes trahis ! La Garde recule ! C'est la fuite, l'atroce panique ! Il est huit heures moins le quart. Mais la Garde n'a pas fini. Elle s'est arrêtée et se forme en carré. Les Anglais tirent sur eux à bout portant en demandant aux survivants de se rendre.

La cavalerie anglaise charge avec autant de fougue que le maréchal Ney, mais avec plus d'efficacité. Les fantassins, taillés en pièces, se trouvent entremêlés avec les dragons de Wellington. Les rescapés vont se jeter à plat ventre dans les prés.

Une naïve image d'Épinal, que bien des Français de l'époque placeront sur le mur de leur maison. Au centre, à Waterloo, Cambronne crie à l'ennemi : « La garde meurt mais ne se rend pas ! »

Cambronne, au milieu du 2e bataillon du 1er chasseurs, lance alors sa phrase immortelle : « La Garde meurt et ne se rend pas ! » Bien sûr, vous vous demandez si Cambronne a crié encore « autre chose », c'est-à-dire le mot auquel son nom est à jamais attaché. La légende l'affirmera toujours...

Napoléon a cherché la mort au centre d'un carré de la Vieille Garde... Enfin ses généraux l'entraînent hors du champ de bataille.

En arrière des Quatre-Bras, près de quelques grenadiers de la Garde, qui ont allumé un feu, alors que l'armée est en pleine déroute, l'Empereur s'arrête. Un témoin l'aperçoit, « debout, nous dit-il, immobile, les bras croisés sur sa poitrine et regardant vers Waterloo ! Sa figure était sombre et d'une pâleur livide ».

La seconde abdication

Le 21 juin, la Chambre refuse d'offrir à l'Empereur les pleins pouvoirs et menace de voter sa déchéance. Napoléon n'a plus qu'à abdiquer. Pour la seconde fois, après cent jours de règne, son rêve est à terre. Il ne croit plus en rien... Pas même au règne possible de son fils prisonnier à Vienne. C'est assurément Louis XVIII qui lui succédera une seconde fois ! Le vaincu gagne Malmaison en attendant les passeports et le sauf-conduit qui lui permettront de s'embarquer à Rochefort pour gagner l'Amérique. Ces documents, indispensables pour voyager à l'époque, n'arrivent pas et Napoléon se réfugie à l'île d'Aix, en face de l'embouchure de la Charente. Quelle décision va-t-il prendre ? La rade est bloquée par une escadre anglaise, ayant à sa tête un vaisseau de guerre : le *Bellerophon*. Que faire ?

Le jeune général Gourgaud — le plus intelligent de ses compagnons — le pousse à se rendre aux Anglais.

Après la bataille, à l'auberge de la Belle-Alliance, le vainqueur, l'Anglais Wellington, est félicité par le Prussien Blücher.

L'extraordinaire dessin exécuté d'après nature par un Anglais, sur le pont, alors que le Northumberland *voguait vers Sainte-Hélène. Presque chaque soir, Napoléon s'asseyait sur l'un des derniers canons de bâbord : il demeurait là, immobile, regardant la mer.*

— Vous feriez mieux de partir pour l'Angleterre. Ce noble parti est celui qui vous convient le mieux. Vous ne pouvez pas jouer le rôle d'un aventurier. Un joueur se tue. Un grand homme brave le malheur.
Au même moment, un petit oiseau entre par la fenêtre. « C'est un signe de bonheur! », s'exclame le général Gourgaud, qui prend l'oiseau dans sa main, mais Napoléon s'écrie : « Il y a assez de malheureux, rendez-lui la liberté. »
Napoléon, vous le savez, est un Corse superstitieux, et il croit aux signes qui prédisent l'avenir. L'oiseau prend son vol et Gourgaud annonce :
— Sire, il se dirige vers le vaisseau anglais!
L'oiseau a donc montré à l'Empereur le chemin qu'il devait prendre, et Napoléon décide de demander asile à l'Angleterre.
Le soleil du samedi 15 juillet 1815 se lève... Napoléon revêt son uniforme vert à collet et parements écarlates de colonel des chasseurs à cheval de la Garde impériale. Un petit brick de guerre le conduit vers le *Bellerophon*. Déjà une chaloupe quitte les flancs du vaisseau anglais et fait force de rames vers le brick.
Il est six heures du matin, le 14 juillet 1815 — et Napoléon n'est plus que le prisonnier de l'Angleterre.

Le rocher de Sainte-Hélène

Au large de la côte anglaise, devant Plymouth, Napoléon apprend que les Anglais ont décidé de l'envoyer — disons plutôt de le déporter — à l'île de Sainte-Hélène, un gigantesque rocher découvert en 1592, le jour de la fête d'Hélène, mère de l'empereur Constantin. L'île est au milieu de l'océan Atlantique, à deux mille neuf cents kilomètres de la côte brésilienne et à mille neuf cents kilomètres du rivage africain.

Le temps est exécrable et le vent souffle. Napoléon, dans la tempête qui monte, s'adresse au monde et lance à l'Histoire ces paroles immortelles :

« J'en appelle à l'Histoire ; elle dira qu'un ennemi, qui fit vingt ans la guerre au peuple anglais, vint librement, dans son infortune, chercher un asile sous ses lois. Quelle plus éclatante preuve pouvait-il donner de son estime et de sa confiance ? Mais comment répondit-on en Angleterre à une telle magnanimité ? On feignit de tendre une main hospitalière à cet ennemi, et quand il se fut livré de bonne foi, on l'immola. »

L'Empereur a été transféré, le 7 août, du *Bellerophon* sur le *Northumberland* qui, après un très long voyage, arriva devant Sainte-Hélène. Le dimanche 15 octobre 1815, l'œil vissé à sa lorgnette, Napoléon, devenu « prisonnier d'État », regarde l'île qui sera sa prison. J'y suis allé par deux fois et je vous jure que l'endroit est sinistre.

L'île de Sainte-Hélène dessinée par quelqu'un qui n'y est jamais allé. Un seul détail est tout à fait exact : il n'y a pas de port à Sainte-Hélène, et les navires doivent jeter l'ancre à quelques encablures du rivage.

Betsy, la petite Anglaise

Napoléon débarque le lendemain soir. La présence de celui qui a été le maître de l'Europe est le sujet de toutes les conversations de la centaine d'Anglais qui demeurent dans l'île. La plus exaltée parmi les habitants est peut-être une charmante adolescente anglaise de quatorze ans, blonde et espiègle. Durant longtemps, elle s'était imaginé Napoléon comme « un grand ogre ». De sa mâchoire, il se plaisait à déchiqueter les petites filles qui n'apprenaient pas leurs leçons. Elle se nomme Betsy, et c'est chez ses parents — les Balcombe — que Napoléon s'installe provisoirement. Il doit, en effet, attendre que la maison qui lui est destinée — on l'appelle *Longwood* — soit prête à le recevoir.

Betsy se comporte, vis-à-vis de Napoléon, comme s'il s'agissait d'un camarade de jeu. Cruellement, elle ose montrer un jour à l'Empereur un jouet articulé. « Il représentait, nous dit-elle, Napoléon montant à une échelle. Chaque degré figurait un pays vaincu. L'Empereur arrivait finalement en haut de l'échelle, mais, aussitôt, un mécanisme le faisait basculer ; il tombait et se trouvait à Sainte-Hélène. »

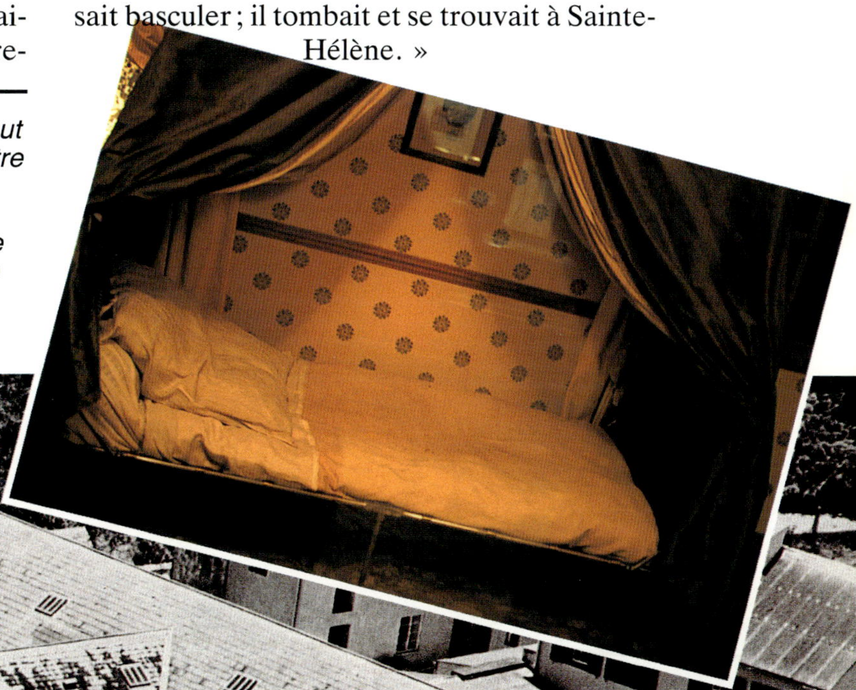

Voici une photographie qui a été prise du haut de l'un des hélicoptères du Jeanne-d'Arc, *notre croiseur-école. Au centre, la petite croix, suspendue entre les deux fenêtres du salon, indique l'emplacement où a été placé le lit de fer* (ci-contre) *dans lequel Napoléon rendra le dernier soupir.*

Dans cette île, où il demeurera désormais, durant près de cinq années, avec trois ou quatre compagnons, Napoléon sera en butte à bien des tourments de la part du gouverneur britannique, sir Hudson Lowe. Il ne se passera pas une semaine sans que le geôlier fasse souffrir son prisonnier. Ne croyez pas que celui-ci pouvait se promener librement dans l'île ! Les limites du territoire où Napoléon pouvait se rendre sans être suivi d'un gardien anglais seront fort réduites. Croyez-moi, je les ai suivies ! Deux fois par jour, un officier britannique devait s'assurer de la présence du « général Bonaparte » — c'est ainsi que les Anglais appelaient celui qui avait pourtant été sacré par le pape. Aussi l'Empereur se refuse-t-il à recevoir sir Hudson Lowe.

L'Aiglon : « Où se trouve mon père ? »

Napoléon souffre surtout de ne recevoir aucune nouvelle de son fils. Mais, à Vienne, le petit prisonnier de la politique autrichienne continue à penser à son « cher papa ». Il interrogeait sans cesse ses précepteurs sur son père :
— Il y avait un empereur en France, j'en suis sûr ; quel était cet empereur ?
— Mon prince, c'était votre cher papa, qui a perdu sa couronne et son empire à cause de son malheureux penchant pour la guerre.
Il semble que l'on entende sa voix implorante demander :
— Est-ce que mon cher papa, ayant fait tant de mal, est un criminel ?
Inlassablement, l'enfant cherche à reconstruire ce passé dont quelques souvenirs demeurent noyés dans son esprit :
— Pourquoi m'a-t-on appelé autrefois le roi de Rome ?
— C'était au temps où la domination de votre père s'étendait jusque-là.
Il s'enhardit jusqu'à demander :
— Où se trouve mon père ?
— Je ne peux pas vous le dire.
— Je crois avoir entendu dire qu'il était dans la misère.
— Dans la misère ?
— Oui.
— Comment cela serait-il possible et même vraisemblable ?
— En effet, ce n'est pas possible.

Il semble délivré d'un grand poids. Devant lui, on a prononcé le nom de Sainte-Hélène, or la misère, en allemand, se dit *Elend*.
L'Empereur, bien sûr, ignore cette histoire. Quel réconfort pour lui s'il avait appris la lutte

menée par son petit roi de cinq ans... Il paraît n'avoir pas su non plus que Marie-Louise avait abandonné son fils et était partie régner sur le petit duché de Parme, ne revenant à Vienne que pour de brefs séjours tous les deux ou trois ans.

« Pour remettre à mon fils lorsqu'il aura seize ans... »

La pensée de ne plus revoir son fils chéri, le manque total de ses nouvelles font venir les larmes aux yeux de Napoléon. Il regarde durant de longues heures le dessin dont, je vous le rappelle, il avait rédigé lui-même l'inscription pendant la campagne de 1814 : « Je prie Dieu pour mon père et pour la France ! » Il repousse les projets de fuite que l'on vient lui proposer. Il doit demeurer sur son rocher... et y mourir : « Il vaut mieux pour mon fils que je sois ici. S'il vit, mon martyre lui vaudra une couronne ! Si je meurs sur la croix — et s'il est encore en vie — il parviendra au trône. »
Hélas ! Devenu duc de Reichstadt, l'Aiglon mourra dans sa vingtième année et ne régnera jamais sur la France.
Napoléon continue à rêver à sa grandeur passée et au prisonnier qu'il est devenu aujourd'hui... Les souvenirs l'assaillent et l'accablent. Ses compagnons l'entendent prononcer sa défense :

C'est à Vienne qu'Isabey a peint le fils de Napoléon alors qu'il était encore le très jeune prince de Parme.

Le dimanche 14 avril — c'est jour de Pâques — l'Empereur a commandé d'atteler pour se rendre vers la crête d'où, avec sa lunette, il pourra apercevoir la baie et assister à l'arrivée du Phaëton. *A bord de cette frégate se trouve le nouveau gouverneur, sir Hudson Lowe.*

— On aura beau retrancher, tout supprimer, il sera difficile de me faire disparaître tout à fait... J'ai refermé le gouffre de l'anarchie... J'ai récompensé tous les mérites et reculé les limites de la gloire...

Le 15 avril 1821, il sent qu'il va mourir et rédige son testament : « Je recommande à mon fils de ne jamais oublier qu'il est né prince français et de ne jamais se prêter à être un instrument entre les mains de ceux qui oppriment les peuples de l'Europe. Il ne doit jamais combattre ni nuire en aucune manière à la France ; il doit adopter ma devise : *Tout pour le peuple français.* »

A son fils, il lègue les lambeaux de sa gloire : « Mes armes ; savoir : mon épée, celle que je portais à Austerlitz, mon poignard, mon glaive, mon couteau de chasse, mes deux paires de pistolets. Mon nécessaire d'or, celui qui m'a servi le matin d'Ulm, d'Austerlitz, d'Iéna, d'Eylau, de Friedland, de l'île de Lobau, de la Moskova et de Montmirail... Pour les remettre à mon fils lorsqu'il aura seize ans... »

Le 5 mai, vers deux heures du matin, l'un de ses compagnons entend ces mots sortir des lèvres de l'agonisant :

— France, armée, Joséphine..., mon fils !

A la fin de l'après-midi, le docteur Antommarchi constate la mort. Quelqu'un se lève et arrête la pendule. Il est cinq heures quarante-neuf minutes.

Les habitants de l'île, les officiers et les soldats de la garnison anglaise défilent toute la journée du lendemain devant le corps du prisonnier. Plusieurs s'agenouillent et, avec le pouce, font le signe de la croix sur le front de l'Empereur. Un sous-officier s'approche, tenant par la main son petit garçon, et murmure :

— Viens, viens voir le grand homme : le grand Napoléon.

LE TOMBEAU DE L'EMPEREUR

Napoléon fut d'abord enterré dans un vallon, à Sainte-Hélène, d'où l'on découvre, au loin, et en contrebas, la mer. Un poste de soldats anglais demeurera près de la tombe durant dix-neuf années.

Ce sera bien plus tard, en 1840, que le roi Louis-Philippe obtiendra que soit rendu à la France le corps de Napoléon. On le transféra aux Invalides de Paris — vous savez tous cela — et c'est seulement sous le règne de Napoléon III que ce cercueil, contenant le corps de l'Empereur, sera déposé dans le sarcophage de porphyre de Carélie, acheté pour 200 000 francs, par Napoléon III, à la Russie.

Depuis, combien de millions d'hommes ont contemplé avec émotion le lourd cercueil rouge sous le dôme étincelant d'or des Invalides !

CHRONOLOGIE

1769

15 août : Naissance de Napoléon Bonaparte à Ajaccio.

1779

1er janv. : Joseph et Napoléon Bonaparte sont reçus au collège d'Autun.

15 mai : Napoléon Bonaparte entre à l'école royale militaire de Brienne-le-Château.

1784

17 (ou 30 oct.) : Napoléon est admis à l'École militaire de Paris.

1785

28 oct. : Bonaparte quitte l'École militaire de Paris. (42e sur 58).

3 nov. : Bonaparte arrive à Valence où il est affecté à la compagnie de bombardiers du capitaine Masson d'Auterive.

1786

10 janv. : Bonaparte est reçu officier.

15 sept. : Bonaparte, en permission, débarque à Ajaccio.

1787

12 sept. : Bonaparte quitte la Corse pour Paris.

1788

1er janv. : Bonaparte débarque à Ajaccio après avoir obtenu une prolongation de congé de six mois.

Juin : Bonaparte rejoint son régiment à Auxonne.

1789

14 juil. : La foule parisienne s'empare de la forteresse de la Bastille.

23 août : Le lieutenant Bonaparte, âgé de vingt ans, prête le serment de fidélité « à la Nation, au Roi et à la Loi » sur la place des Casernes d'Auxonne.

1791

16 juin : Bonaparte arrive à Valence où il a été affecté comme premier lieutenant au 4e régiment d'artillerie.

1792

1er avr. : Bonaparte est élu lieutenant-colonel en second du 2e bataillon de volontaires corses.

8-12 avr. : Bonaparte intervient dans les affrontements qui opposent citadins et paysans à Ajaccio.

30 juil. : Louis XVI, l'un des derniers actes de son règne, nomma capitaine le lieutement Bonaparte.

9 sept. : Bonaparte quitte Paris avec sa sœur Maria-Anna-Elisa et se rend à Marseille.

22 sept. : La Convention décrète l'an I de la République française.

15 oct. : Bonaparte débarque à Ajaccio.

1793

1er fév. : *Première coalition.* La France déclare la guerre à l'Angleterre et à la Hollande.

19-25 fév. : Les troupes françaises échouent dans leur tentative d'annexion de l'île de la Maddalena en Sardaigne.
Bonaparte participe à cette expédition.

28 août : Les royalistes livrent Toulon aux Anglais.

18 déc. : (28 frimaire) Reconquête de Toulon après un siège où se distingue Napoléon.

22 déc. : (2 nivôse) Bonaparte général de brigade.

1794

7 fév. : Bonaparte, commandant de l'artillerie de l'armée d'Italie.

9 août : (22 thermidor) Suspect de « robespierrisme », Bonaparte est mis en état d'arrestation à Nice et libéré le 20 août (31 fructidor).

1795

29 mars : (9 germinal) Bonaparte est rappelé de l'armée d'Italie.

21 avr. (2 floréal) Fiançailles de Bonaparte et de Désirée Clary qui, en fait, épousera Bernadotte en 1798.

5 oct. : (13 vendémiaire) A la demande de Barras, Bonaparte écrase une insurrection royaliste qui voulait contraindre l'Assemblée à abroger le décret des deux tiers. Il est appelé le « général Vendémiaire ».

16 oct. : (24 vendémiaire) Bonaparte général de division.

26 oct. : (4 brumaire) Bonaparte devient général en chef de l'armée de l'Intérieur.

31 oct. : (9 brumaire) Élection du Directoire. Désormais le pouvoir est exercé par cinq directeurs.

1796

2 mars : (12 ventôse) Bonaparte général en chef de l'armée d'Italie.

12 avr. : (23 germinal) Bonaparte remporte la victoire de Montenotte sur les Autrichiens.
21 avr. : (2 floréal) Victoire de Mondovi contre l'armée sardo-piémontaise.
10 mai : (21 floréal) Bonaparte bat les Autrichiens au pont de Lodi.
15 mai : (26 floréal) Bonaparte entre à Milan en libérateur.
5 août : (18 thermidor) Victoire de Bonaparte sur Wurmser à Castiglione.
17 nov. : (27 brumaire) Bonaparte bat les Autrichiens d'Alvinzy à Arcole.

1797

14 janv. : (25 nivôse) Victoire de Rivoli.
17 fév. : (29 pluviôse) Traité de Tolentino : le pape cède Avignon et le comtat Venaissin à la France et reconnaît l'indépendance de la République cispadane.
18 avr. : (29 germinal) A Leoben, Bonaparte signe avec les Autrichiens les préliminaires à la paix.
15 mai : (26 floréal) Bonaparte entre à Venise, où les patriotes ont renversé le pouvoir éxistant et proclame la république.
14 juin : (26 prairial) La république de Gênes est transformée en une République ligure sous contrôle français.
9 juil. : (21 messidor) La République cisalpine est proclamée à Milan.
17 oct. : (26 vendémiaire) Traité de Campoformio, l'Autriche abandonne la Belgique à la France et reconnaît la République cisalpine.
26 oct. : (5 brumaire) Le Directoire nomme Bonaparte général en chef de l'armée d'Angleterre.
5 déc. : (15 frimaire) Bonaparte est de retour à Paris.

1798

15 fév. : (27 pluviôse) A Rome, les patriotes réunis au Forum proclament la république sous la protection de l'armée française.
19 mai : (30 floréal) A Toulon, Bonaparte s'embarque pour l'Égypte avec 55 000 hommes et une commission des sciences et des arts.
2 juil. : (14 messidor) Bonaparte prend Alexandrie, où l'armée a débarqué la veille.
21 juil. : (3 thermidor) Victoire des Pyramides.
24 juil. : (6 thermidor) Bonaparte fait son entrée au Caire.
1er août : (14 thermidor) L'amiral Nelson détruit la flotte française à Aboukir.
29 déc. : (9 nivôse) *Deuxième coalition :* Angleterre, Naples, Russie. L'Autriche s'y joindra en mars 99.

1799

7 mars : (17 ventôse) Bonaparte s'empare de Jaffa, qui est livrée au pillage.
16 avr. : (27 germinal) En Palestine, victoire de Bonaparte contre les Turcs au mont Thabor.
17 mai : (28 floréal) Bonaparte lève le siège de Saint-Jean-d'Acre. Sa retraite tournera rapidement à la débâcle.
23 août : (6 fructidor) Bonaparte quitte l'Égypte. Kléber devient commandant en chef de l'armée d'Égypte.
23 oct. : (1er brumaire) Lucien Bonaparte est élu président des Cinq-Cents.
9 nov. : (18 brumaire) Coup d'État du 18 brumaire. Les Conseils sont transférés à Saint-Cloud. Sieyès, Ducos, Barras démissionnent. Les deux autres directeurs, Gohier et Moulin, sont gardés à vue.
10 nov. : (19 brumaire) Les Conseils cèdent à la force. Ils désignent trois consuls provisoires : Bonaparte, Sieyès, Ducos.
22 nov. : (1er frimaire) Talleyrand est nommé ministre des Affaires étrangères.
12 déc. : (21 frimaire) Bonaparte impose le texte définitif de la Constitution de l'an VIII. Elle établit la dictature de Bonaparte, tout en paraissant préserver la République. l'exécutif est confié à trois consuls, le premier détenant en fait tous les pouvoirs. Le Premier consul a seul l'initiative des lois.
24 déc. : (3 nivôse) Les trois consuls définitfs, Bonaparte, Cambacérès et Lebrun, entrent en fonctions.

1800

18 janv. : (28 nivôse) Caroline Bonaparte épouse Joachim Murat.
13 fév. : (24 pluviôse) Création de la Banque de France.
17 fév. : (28 pluviôse) Institution des préfets.
20 mai : (9 floréal) Deuxième campagne d'Italie. Bonaparte franchit le Grand-Saint-Bernard.
2 juin : (13 prairial) Bonaparte entre à Milan où il rétablit le lendemain la République cisalpine.
14 juin : (25 prairial) Bonaparte est victorieux des Autrichiens à Marengo.
24 déc. : (3 nivôse) Rue Saint-Nicaise, à Paris, un attentat manqué contre Bonaparte fait 2 morts et 56 blessés.

1801

9 fév. : (20 pluviôse) Traité franco-autrichien de Lunéville. La France annexe la rive gauche du Rhin. L'Autriche renonce à l'Italie du Nord et du Centre.

9 mai : (19 floréal) Toussaint Louverture promulgue une constitution assurant en pratique l'indépendance de Saint-Domingue.

15 juil. : A Paris, Consalvi, secrétaire d'État de Pie VII, et Bonaparte signent le Concordat. Le catholicisme est reconnu comme la religion de la majorité des Français. Le Premier consul nomme les évêques, qui sont investis par le pape. Les ecclésiastiques doivent prêter serment de fidélité au gouvernement.

31 août : (13 fructidor) A Alexandrie, Menou signe avec les Anglais la capitulation de l'armée française d'Égypte.

1802

4 janv. : (14 nivôse) Louis Bonaparte épouse la fille de Joséphine de Beauharnais, Hortense.

25 janv. : (5 pluviôse) Bonaparte président de la République cisalpine, à qu'il donne le nom de République italienne.

25 mars : (4 germinal) La France, l'Espagne et la Hollande signent la paix d'Amiens avec l'Angleterre.

1er mai : (11 floréal) Loi créant les lycées.

19 mai : (30 floréal) Création de la Légion d'honneur.

20 mai : (1er prairial) Loi rétablissant l'esclavage et la traite des Noirs aux colonies, le cas de Saint-Domingue étant réservé.

2 août : (7 thermidor) Après plébiscite, Bonaparte est proclamé consul à vie (3 568 885 *oui* ; 8 374 *non*).

13 sept. : (26 fructidor) Disgrâce de Fouché. Soulèvement généralisé de Saint-Domingue.

1803

18 fév. : (29 pluviôse) L'acte de médiation abolit la République en Suisse et y restaure la structure fédérale. La Confédération helvétique, dont Napoléon est le médiateur, est constituée de 19 cantons.

7 avr. : (17 germinal) Loi créant un franc de 5 grammes d'argent, le « franc germinal », qui sera stable jusqu'en 1814.

30 avr. : (10 floréal) La France vend la Louisiane aux États-Unis pour 80 millions.

16 mai : (26 floréal) La Grande-Bretagne met l'embargo sur tous les navires français et hollandais sans déclaration de guerre. La guerre franco-anglaise reprend de fait.

28 nov. : (6 frimaire) Capitulation de Rochambeau : la France perd définitivement Saint-Domingue.

1804

21 mars : (30 ventôse) Le duc d'Enghien, enlevé en Allemagne sur ordre de Bonaparte, est fusillé à Vincennes. Loi créant le *Code civil des Français.*

18 mai : (28 floréal) Senatus-consulte promulguant la nouvelle Constitution, qui fonde un nouveau régime, l'Empire héréditaire. Napoléon Bonaparte est proclamé empereur des Français sous le nom de Napoléon Ier.

19 mai : (29 floréal) Napoléon nomme 18 maréchaux d'Empire.

10 juil. : (21 messidor) Fouché redevient ministre de la Police.

19 juil. : (30 messidor) Bonaparte se rend à Boulogne. Envisageant un débarquement en Angleterre, il fait construire des bassins et des ports adaptés à une grande concentration en hommes, en chevaux et en matériel.

2 déc. : (11 frimaire) Le pape Pie VII sacre Napoléon Ier à Notre-Dame de Paris.

3 déc. : (12 frimaire) La Suède s'allie à l'Angleterre.

4 déc. : (13 frimaire) L'Espagne déclare la guerre à l'Angleterre.

1805

17 mars : (26 ventôse) Napoléon est proclamé roi d'Italie.

11 avr. : (21 germinal) La Russie et l'Angleterre s'allient pour ramener la France à ses frontières de 1789.

16 juin : (27 prairial) L'Autriche rejoint l'alliance anglo-russe. C'est la *troisième coalition.*

27 août : (9 fructidor) Napoléon ajourne le camp de Boulogne pour se consacrer exclusivement à la campagne d'Allemagne.

19 oct. : (27 vendémiaire) L'armée autrichienne de Mack capitule à Ulm.

21 oct. : (29 vendémiaire) A Trafalgar, les flottes française et espagnole sont anéanties par Nelson, tué pendant l'action.

14 nov. : (23 brumaire) Napoléon fait son entrée dans Vienne.

2 déc. : (11 frimaire) La « bataille des Trois Empereurs » : victoire de Napoléon à Austerlitz sur les armées autrichiennes et russes.

26 déc. : (5 nivôse) Traité franco-autrichien de Presbourg, les princes d'Allemagne du Sud s'agrandissent au détriment de l'Autriche. Celle-ci reconnaît le royaume d'Italie et lui cède la Vénétie, l'Istrie et la Dalmatie.

31 déc. : (10 nivôse) Abandon du calendrier républicain.

1806

14 fév. : Masséna entre à Naples.

30 mars : Joseph Bonaparte devient roi de Naples.

10 mai : Loi fondant l'Université impériale.

5 juin : Louis Bonaparte est proclamé roi de Hollande.

12 juil. : La France signe avec 16 États allemands le traité formant la Confédération du Rhin, dont l'Empereur est protecteur.

6 août : Fin du Saint Empire romain germanique. François renonce au titre d'empereur d'Allemagne. Il demeure François Ier empereur d'Autriche.

14 oct. : Victoires à Iéna et à Auerstadt.

CHRONOLOGIE

27 oct. : Napoléon entre à Berlin. Frédéric-Guillaume se réfugie auprès du tsar.

21 nov. : Par le décret de Berlin, Napoléon instaure le Blocus continental : « Tout commerce et toute correspondance avec les îles Britanniques sont interdits. »

1807

1er janv. : *Quatrième coalition* (Angleterre, Russie, Prusse, Suède).

8 fév. : Napoléon bat difficilement le général russe Benningsen à Eylau.

19 fév. : L'Espagne adhère au Blocus continental.

14 juin : Victoire éclatante de Napoléon sur Benningsen à Friedland.

7 juil. : Traité franco-russe de Tilsit. La Russie s'allie à la France.

9 juil. : Traité franco-prussien de Tilsit. La France restitue à la Prusse le Brandebourg, la Poméranie, la Silésie et le royaume de Prusse dans ses frontières de 1772. Un nouvel État, le grand-duché de Varsovie, est formé par les régions prussiennes de la Pologne et confié au roi de Saxe Frédéric-Auguste.

9 août : Talleyrand est écarté du ministère des Relations extérieures.

16 août : Jérôme Bonaparte est proclamé roi de Westphalie, formée par d'anciennes provinces prussiennes.

30 nov. : Junot entre à Lisbonne.

1808

2 fév. : Pie VII refusant d'appliquer le Blocus continental dans ses États, Napoléon fait occuper Rome par le général Miollis.

23 mars : Murat entre à Madrid.

2 mai : Madrid se soulève contre la présence française.

7 juin : Joseph Bonaparte est nommé roi d'Espagne.

15 juil. : Murat devient roi de Naples.

22 juil. : Le général Dupont capitule à Baylen devant les Espagnols avec 18 000 hommes. En Europe, cet échec militaire met fin à la réputation d'invincibilité de la Grande Armée.

30 août : Junot capitule à Cintra devant Wellesley et accepte d'évacuer le Portugal.

3 sept. : Sénatus-consulte levant 180 000 hommes.

27 sept. : Début de l'entrevue d'Erfut entre Napoléon et le tsar Alexandre Ier.

29 oct. : Napoléon quitte Paris pour la campagne d'Espagne à la tête d'une armée de 160 000 hommes.

30 nov. : Victoire de Napoléon à Somosierra.

1809

avril : *Cinquième coalition* (Angleterre, Espagne, Autriche).

8 avr. : Les troupes autrichiennes envahissent la Bavière.

22 avr. : Victoire de Napoléon contre l'archiduc Charles à Eckmühl. L'armée anglaise de Wellesley débarque au Portugal.

13 mai : Les États pontificaux sont annexés à l'Empire.

22 mai : Battu à Essling, Napoléon doit repasser le Danube.

10 juin : Le pape excommunie Napoléon.

6 juil. : Napoléon bat l'archiduc Charles à Wagram et franchit de nouveau le Danube. Le pape est arrêté et déplacé à Savone, où il restera jusqu'en juin 1811.

14 oct. : Paix de Vienne, très lourde pour l'Autriche qui perd le sixième de ses sujets. Trieste, le Frioul et la Croatie sont annexés à l'Empire français. Salzbourg revient à la Bavière. La Galicie est rattachée au grand-duché de Varsovie.

15 déc. : Sénatus-consulte prononçant le divorce de Napoléon et de Joséphine.

1810

2 avr. : Napoléon épouse religieusement Marie-Louise, fille de l'empereur François Ier d'Autriche.

9 juil. : Napoléon annexe la Hollande à l'Empire qui compte désormais 130 départements.

21 août : La diète suédoise élit Bernadotte prince héritier du trône de Suède.

1811

20 mars : Naissance du fils héritier de Napoléon : Napoléon-François-Joseph-Charles, roi de Rome.

4 mai : A Fuentes de Onoro, Wellington bat Masséna qui est disgracié et remplacé par Marmont au commandement de l'armée du Portugal.

25 déc. : Sous la pression d'un ultimatum français, la Suède déclare la guerre à l'Angleterre.

1812

26 janv. : Napoléon réunit la Catalogne à l'Empire.

24 fév. : A Paris, la Prusse signe un traité d'alliance avec l'Empire français.

Avril : *Sixième coalition* (Russie, Angleterre, Espagne, Suède).

24 juin : Napoléon franchit le Niémen à la tête de 400 000 hommes. 200 000 demeurent en Pologne.

7 sept. : A Borodino, Napoléon bat le maréchal Koutouzov, nouveau commandant en chef de l'armée russe.

14 sept. : Napoléon entre à Moscou.

15-19 sept. : Incendie de Moscou.

19 oct. : Napoléon évacue Moscou. Début de la retraite de Russie.

23 oct. : A Paris, échec du coup d'État du général Malet.

27 nov. : Ney et Oudinot forcent le passage de la Berezina.

13 déc. : Éprouvés par le froid (– 36°), privés de ravitaillement, harcelés par les Cosaques, les débris de la Grande Armée repassent le Niémen.

18 déc. : Napoléon est de retour aux Tuileries.

1813

janv. : La Prusse-Orientale se soulève contre la domination française.
17 mars : Frédéric-Guillaume III de Prusse déclare la guerre à la France.
2 mai : Napoléon bat les Alliés à Lützen.
30 mai : Davout occupe Hambourg.
21 juin : Victoire totale de Wellington sur Jourdan à Vitoria. L'Espagne est perdue pour la France.
12 août : L'Autriche déclare la guerre à la France.
9 sept. : La Russie, la Prusse et l'Autriche s'engagent à ne pas signer de paix séparée avec la France.
oct. : Napoléon ordonne la levée de 160 000 hommes. La résistance à la conscription s'organise.
16-19 oct. : A Leipzig, Napoléon perd la « bataille des Nations » contre Schwarzenberg, Blücher et Benningsen. L'Allemagne napoléonienne s'effondre.
16 nov. : Lebrun et l'administration française quittent Amsterdam insurgée. L'armée de Bülow occupera la Hollande évacuée par la France.

1814

Janv.-mars : L'armée anglaise de Wellington envahit la Guyenne.
1er janv. : 200 000 soldats alliés envahissent la France par la Bourgogne et par la Lorraine.
11 janv. : Défection de Murat, qui signe un traité entre le royaume de Naples et l'Autriche.
29 janv. : A Brienne, victoire de Napoléon sur les Alliés.
10-14 fév. : Napoléon repousse Blücher à Champaubert, à Montmirail, à Château-Thierry, à Vauchamps.
18 fév. : Victoire de Napoléon sur le prince de Wurtemberg à Montereau.
9 mars : Le pacte de Chaumont reconduit pour vingt ans l'alliance entre les coalisés, proscrit toute paix séparée et pose les bases de la future Europe.
12 mars : Wellington entre à Bordeaux.
17 mars : Napoléon refuse les propositions de paix des Alliés (frontières de 1792).
31 mars : Marmont, à qui Joseph Bonaparte a confié les pleins pouvoirs, signe la capitulation de Paris. Entrée des troupes alliées à Paris.
1er avr. : Le Sénat nomme un gouvernement provisoire dirigé par Talleyrand.
2 avr. : Le Sénat prononce la déchéance de Napoléon.
6 avr. : A Fontainebleau. Abdication de Napoléon en faveur de son fils. Le Sénat offre le trône à Louis XVIII.
10 avr. : La défaite de Soult à Toulouse met un terme à la campagne du midi de la France.
11 avr. : Napoléon abdique sans conditions.
20 avr. : Les adieux de Fontainebleau.
2 mai : Proclamation de Saint-Ouen : Louis XVIII promet de doter la France d'un régime représentatif.
4 mai : Napoléon débarque à l'île d'Elbe qui lui a été donnée par le traité de Paris.
30 mai : Le premier traité de Paris, négocié par Talleyrand et les quatre grands alliés, ramène la France aux frontières de 1792.
30 sept. : Ouverture du Congrès de Vienne.

1815

26 fév. : Napoléon quitte secrètement l'île d'Elbe.
7 mars : Les troupes françaises se rallient à Napoléon au défilé de Laffrey peu avant Grenoble.
13 mars : Louis XVIII s'exile aux Pays-Bas.
20 mars : Napoléon se réinstalle aux Tuileries et reprend le pouvoir. Début des Cent-Jours.
25 mars : L'Autriche, l'Angleterre, la Prusse et la Russie concluent une nouvelle alliance contre Napoléon, rejointe par la plupart des autres pays européens.
22 avr. : Proclamation de l'*Acte additionnel aux constitutions de l'Europe.*
18 juin : Le retard de Grouchy ayant permis à l'armée de Blücher de rejoindre celle de Wellington, l'armée française connaît une défaite totale contre les Anglais et les Prussiens à Waterloo.
22 juin : Seconde abdication de Napoléon, qui met fin aux Cent-Jours.
7 juil. : Les Alliés entrent à Paris pour la seconde fois. Formation du ministère Talleyrand-Fouché.
8 juil. : Louis XVIII rentre à Paris, « dans les fourgons de l'étranger ». La deuxième Restauration commence.
15 juil. : Napoléon se livre aux Anglais.
13 oct. : Murat, qui avait tenté de reconquérir son royaume, en débarquant en Calabre, est pris et fusillé au Pizzo.
15 oct. : Napoléon arrive à Sainte-Hélène.
20 nov. : Par le deuxième traité de Paris, la France est ramenée à ses frontières du 1er janvier 1790.
La Quadruple Alliance est signée pour vingt ans par l'Angleterre, l'Autriche, la Prusse et la Russie. Elle s'oppose au retour de Napoléon et de sa dynastie.

1821

16 mars : L'état de Napoléon s'aggrave. La maladie, vraisemblablement un ulcère à l'estomac devenu cancéreux, atteint sa dernière phase.
5 mai : A 17 h 49, Napoléon meurt à Sainte-Hélène. Ses dernières paroles sont : « A la tête de l'armée ».

TABLE DES MATIÈRES

TABLE DES ILLUSTRATIONS